講談社選書メチエ

642

意思決定の心理学

脳とこころの傾向と対策

阿部修士

MÉTIER

はじめに

意思決定の間違いと限界

わたしたち人間にとって、生きているということは不断の意思決定の連続です。あなたが今この本を読んでいるのは、あなたの意思決定の結果であり、これからどこまで読み進めるのかもあなたの意思決定によって左右されます。わたしたちはこうした意思決定を、自分の思考や信念に基づいて行っていると思いがちです。ところが、わたしたちの意思決定は意識の外で自動的に起こるこころのはたらきに大きく影響を受けています。

実際、自分の決断や判断の理由を、うまく説明することはそう簡単ではありません。昨日は我慢できた食後のデザートを、今日は我慢できなかったのはどうしてでしょうか？　仕事を早く終わらせなければいけないとわかっているのに、友人から飲みに誘われてお店をはしごしてしまったのはどうしてでしょうか？

頭ではやめた方が良いとわかっているのに、ついやってしまった、そんな経験は誰にでもあることでしょう。二度と同じ失敗をしないと誓ったはずなのに、また繰り返してしまうことも決して珍しくはありません。お金の損得を考える、他人との付き合いを考える、道徳的な善悪を考える、こうした様々な日常生活の行為や判断の中で、わたしたちは意思決定の間違いやすさや限界と常に隣り合わせです。そしてこうした意思決定を生み出しているのは、わたしたちの脳です。

人間と動物

脳は人間以外の動物にも存在しますが、本書では人間の意思決定にフォーカスします。動物の意思決定がとるに足らないものだから、というわけではありません。わたしたち人間は理性を持っており、それゆえ他の動物とは一線を画する存在である、と言われることがあります。たしかに、わたしたち人間は他の動物と比べれば、高い知能を持ち、論理的に思考し、理性的に自身の行動を決定することに優れています。

ただし、だからといって動物にまったく理性が存在しないと断言することはできません。実際、多くの動物において、本能の赴くままの行動だけでなく、比較的高度な意思決定をしていると考えられる知見が存在します。たとえば、鳥類や魚類であっても過去の記憶をもとにして、餌を探したり適切な危険回避の行動をとったりすることができます［1,2］。

つまり、人間と動物の意思決定の間には、少なからず共通性がみとめられるわけです。したがって意思決定のメカニズムを探る上では、動物を対象とした研究から数多くの知見を得ることができ、それらは人間の意思決定のメカニズムを理解することにも直結します。

それでも人間を対象とした研究には、動物を対象とした研究ではできない多くのメリットが存在します。その最たるものが、言語を利用できるという点です。言語というツールを最大限利用して、実験参加者に指示をすることで、動物を対象とした場合には容易に実施できない複雑な実験をすることが可能になります。実際問題として、人間の思考の多くは言語に依存しているため、意思決定の研究を進める場合に、言語の存在を切り離すことはできません。また意思決定をする際に、どのように考え感じたのかを言語で報告してもらう、といったことも人間を対象とした実験でこそ、初めて可能になるわけです。

もちろん、言語能力にも限界が存在しますし、また言語で自分のこころのはたらきを客観的に説明することは困難な場合が存在します。それでも、そういった事実自体が、言語ではうまく表現しきれないこころのはたらきが存在することを意味しており、意思決定のメカニズムの理解を大きく前進させてくれるのです。

実験と脳科学の知見

本書ではわたしたち人間の意思決定の仕組みについて、主に心理学と脳科学の研究からわかってきたことを、実際に行われた数多くの興味深い実験の成果をもとにご紹介します。できるだけ読者のみなさんにとってわかりやすいように、日常生活での具体例も交えながらお伝えしたいと思っています。意思決定を支える「こころ」のはたらきを直接的に目で見たり耳で聞いたりすることは難しいわけですが、心理学では人間の行動を客観的に評価・測定することで、行動の背景にあるこころのはたらきを推定することができます。

脳科学の研究からは、こころのはたらきを支えている物質としての脳の構造や機能にフォーカスすることで、こころのはたらきをより客観的に説明できるようになります。脳のはたらきがどのようにこころのはたらきを生み出しているのか、その全体像はまだ完全には解明されていませんが、少なくともこれまでの脳科学の研究からは、欲求の発現や合理的思考といった様々な心理過程と特定の脳領域との対応関係が明らかになってきています。

こうした脳の研究は近年、飛躍的な発展をとげていますが、特に過去二〇年での発展は特筆すべきものがありました。というのも、間接的にではあるにせよ、生きた人間の脳の活動を可視化するという大きな技術的進歩があったからです。脳と聞くと、なんだか難しいように感じてしまうかもしれませんが、多角的でとらえどころのないこころのはたらきをよりよく理解するには、脳のメカニズムを知ることが実は一番の近道です。

理性と情動の対立

意思決定には様々な種類があります。赤信号だから止まり、青信号だから進むといった行動も、外界の情報を手がかりにした意思決定の一つです。コンビニでたくさん並んでいるおにぎりの中から、まず鮭のおにぎりを買うことを決め、二つ横並びになっていた鮭おにぎりの右側を手に取る、これも立派な意思決定の一つです。

こうした数ある意思決定の仕組みのなかでも、本書では特に、情動的反応や直感的思考、欲求などの、自動的なこころのはたらきと、合理的判断や論理的思考、自制心といった、意図したこころのはたらきによって実現される意思決定に焦点を当てています。

前者は素早く立ち上がる心理過程であるため「速いこころ」と呼ぶことにします。たとえば甘いものが大好物なあなたがお菓子屋さんでケーキを見かけたら、即座に食べてみたいという欲求が生まれるはずです。

その一方、後者は比較的ゆっくりとした心理過程であるため「遅いこころ」と呼ぶことにします。「甘いものは大好きだけど、体にはあまり良くないし、カロリー採りすぎちゃうし……」こうした思考は即座に終わることはなくじわじわと続き、最終的に欲求を抑えることができるまでにはある程度の時間も必要になります。

なお、熱いやかんを触ってしまい、とっさに手をひっこめるといった反射のように、脳を介さずに生じる処理は本書では取り扱いません。

速いこころと遅いこころ、それぞれの特徴と両者の関係性を、脳のはたらきと関連付けながら話を進めていきます。本書が主に焦点を当てている自制心と欲求との間の葛藤や、理性と情動との対立は、これまでにも多くの研究者が取り組んできたテーマです。実際に多くの出版物があり、こうした二項対立の考え自体は目新しいものではありません。

本書の目的は、過去の心理学の研究成果を踏まえた上で、①主に脳科学の視点から、「速いこころ」と「遅いこころ」のはたらきを理解すること、②そういった脳のはたらきが、人間の道徳性や社会性などに関わる、きわめて高度な意思決定をも支えていること、この二点を解きほぐしていくことになります。

本書の前半では、これらの二種類のこころがどのように働くことで、わたしたちの決断や判断を導いているのか、そしてそれらを支える脳の仕組みについて、概説します。特に「マシュマロテスト」

と呼ばれる、子供を対象としたシンプルな実験の成果をもとに、速いこころと遅いこころの仕組みをご説明します。ただし、わたしたち人間の意思決定は、常に両者のバランスが保たれているわけではありません。たとえば、速いこころだけで意思決定が進められてしまい、遅いこころがうまく働かないといったことは、決して珍しいことではありません。この点をギャンブルや投資といったお金にまつわる失敗、恋人や友人との人間関係の中で生じる複雑な情動といった具体例をもとに、お示ししようと思います。

本書の後半では、人間の社会的側面が浮き彫りとなる、より複雑な意思決定に焦点をあてていきます。たとえば何をもって善とし、何をもって悪とするのか、といった道徳的判断のようなきわめて複雑な心理過程も、実は理性と情動という観点で、ある程度説明できることが最新の研究でわかってきました。そして、こうした知見が、古来よりの議論である「性善説 vs.性悪説」といった問題に対しても、新たな科学的視点を提供しうることをご説明します。特に、人間の利他的行動や正直な行為といった道徳的に善とされる行いをどう説明できるか、その枠組みを最新の研究成果を交えながらご説明したいと思います。

最後に、こうした意思決定についての研究成果を踏まえた上で、「わたしたち人間は、理性や自制心によって情動や欲求をコントロールできる存在なのかどうか」という根源的な問題についても考察してみたいと思います。

なお本書では、できるだけ科学的なエッセンスを失わないように書き進めたつもりですが、多くの人にとってわかりやすい表現を使うことに、より重点を置いています。そのため専門的な視点からは、言葉の使い方やロジックに厳密さを欠いている部分があるかもしれません。この点は、あらかじめご了承頂ければと思います。本文中に、[1]などの形で挿入されているのは記述のもとになった文献を示しています。ご興味のある読者の方は巻末の引用文献もあわせてご参照ください。

目次

第一章　二重過程理論

——「速いこころ」と「遅いこころ」による意思決定

二つのこころ──「速いこころ」と「遅いこころ」

わたしたちの様々なこころのはたらきは、多様な機能を持つ脳のはたらきによって実現されています。たとえばわたしたちは友人の顔を見れば、その人が誰であってどんな人物なのかを思い出すことができます。これに対応するように、わたしたちの脳では顔の処理に関わる脳領域、記憶を思い出すことに重要な脳領域が分かれて存在します。

意思決定に関わるこころと脳のはたらきについては、個別に挙げればたくさんの種類があるのですが、本書では特に、情動的反応や直感的思考、欲求などの、自動的な「速いこころ」のはたらきと、合理的判断や論理的思考、自制心といった、主に意志の力による「遅いこころ」のはたらきに焦点をあてていきます。

こうした対立する二つのシステムがあるからこそ、わたしたちは状況に応じた最適な意思決定をすることが可能になります。その一方で、理性と情動の葛藤や、自制心と欲求とのジレンマによって迷いが生じ、決められないという状況に陥ることもあります。また、自動的で素早いこころのはたらきを自分で認識できていない時すらあります。したがって、わたしたちが社会生活を営む中で何かを決断する、そのメカニズムを知るためには、まずこれら二種類のこころのはたらきを正しく理解することが必要です。

「はじめに」でも挙げた例ですが、たとえば街を歩いていて、お菓子屋さんのショーケースにとても美味しそうなケーキがあるのを見つけたとしましょう。甘いものが好きな人なら、食べたいと思うでしょうし、実際に買いに行く人もいるでしょう。これは美味しそうなケーキを目にすることで湧きあがった欲求によって、ケーキを食べようとする行為を促進したものと言えます。

しかし、ケーキを食べるのは必ずしも良いこととは限りません。ダイエットをしている人にとっては、カロリーオーバーになることが気になるでしょう。お金を節約しようとしている人は、出費が気になるかもしれません。いずれにせよ、ケーキは食べたいけど、我慢しないといけないという、その行動の制御にかかわる過程は、論理的思考や自制心によって実現されているものです。このように、意思決定の多くの場面では、素早く湧きあがる情動や欲求と、時間をかけた思考に基づく理性や自制心が、意思決定に作用する別々のシステムとして機能しているのです。

これまでの長年の研究で、人間のこうした二種類のこころのはたらきがどのような特徴を持っているかが、主に心理学の分野で明らかにされてきました。また最近の研究では、それぞれに対応する脳の仕組みについても、多くのことが明らかになっています。意思決定において、二種類のこころのはたらきを想定する理論を総称して、「二重過程理論」と呼びます。そこでまず本章では、二重過程理論について少し踏み込んだ説明を行い、読者のみなさんが理論を正確に理解するお手伝いから始めたいと思います。

二重過程理論と様々な「こころ」の呼称

二重過程理論は心理学において、非常に歴史のある理論です。学習や推論、本書で扱う意思決定など、こころのはたらきについての研究に大きな影響を与えてきました。二重過程理論の基本的な考え方は、素早く、無意識的で自動的なプロセスと、遅く、意識的で統制されたプロセスとを対比するこ

システム1	システム2
速い	遅い
自動的・無意識的	制御的・意識的
情動的・直感的	合理的・論理的
非言語的	言語的
努力を必要としない	努力を必要とする
一般的知能とは無関係	一般的知能と密接に関係
処理能力に影響されない	処理能力の制約を受ける
主に短期的な利益を追求	長期的な利益を勘案
進化的に古い	進化的に新しい

表1－1　システム1とシステム2の特徴

とにあります。ただし、二重過程理論や類似の理論は様々な研究者によって提唱されており、その言葉の使い方にも若干の違いがあります。

二つのこころのはたらきについて、学術的によく使われる表現の一つが「システム1」「システム2」という分類の仕方です。素早く、無意識的で自動的な情報処理のプロセスがシステム1に対応し、遅く、意識的で統制された情報処理のプロセスがシステム2に対応します。この言葉の使い方は、もともとはトロント大学の心理学者キース・スタノビッチとリチャード・ウェストによって提唱されたものですが、多くの研究者も使用する用語となりました[1,2]。特に、人間の意思決定に関する著名な研究業績によりノーベル経済学賞を受賞したダニエル・カーネマンも、好んでこの表現を用いているため、彼の著作『ファスト＆スロー』等を通じて、より一般的になったとも言えます[3－5]。

表1—1ではこれら二種類のシステムについて、それぞれの特徴をまとめてあります。なお、本章で紹介する二重

過程理論について、より詳しく知りたい方はカーネマンの著書を読むことをおすすめします。

二重過程理論は複数の領域で研究が行われているため、「システム1」「システム2」といった区分ではなく、異なる表現を用いた研究も数多くあります。システム1とシステム2のそれぞれについて、たとえば「自動的プロセス」と「統制的プロセス」[6,7]、「ヒューリスティックプロセス」と「アナリティックプロセス」[8]、「反射的プロセス」と「内省的プロセス」[9]、「タイプ1プロセス」と「タイプ2プロセス」[10]、といった呼称が提唱されています。

これらの呼称の違いによって、正確な意味合いは若干異なるのですが、大枠としては先に紹介したシステム1とシステム2の考え方から大きくかけ離れたものではありません。以下では、速いこころであるシステム1と、遅いこころであるシステム2の特徴を詳しく説明したいと思います。

情動的・直感的な「システム1」

システム1は直感的な反応や情動的な反応、本能的な欲求の発現を支えるシステムです。後で説明するシステム2とは違い、自分の力でコントロールするというよりはむしろ、自動的に働き、努力を必要とせず、論理性よりも直感に依存します。直感的であるがゆえに、どちらかと言えば非言語的とも言えます。知能や処理能力とは、あまり関係がないとされています。また、時間をかけずに即座に働くことからカーネマンも著書では「速い思考」と呼んでいます。ただし、筆者には日本語の「思考」という言葉自体に、ややシステム2の要素が入っているようにも思えるため、本書ではもう少し抽象的な表現として「速いこころ」と呼ぶことにしています。

ここで「情動」という言葉になじみがない方もおられると思います。「感情」という言葉の方がしっくりくるかもしれません。両者の用語の使い分けについては、研究分野や研究者間によって扱いが異なるため注意が必要ですが、一つの考え方として、観察や測定が可能かどうかで、両者を区別するという考えがあります［11］。つまり、喜びや悲しみ、恐怖や怒りといった感情には、本人にしか認識できない主観的な側面があるわけですが、それとは別に外部から観察可能な側面もあり、これを特に情動とよぶ考え方です。

たとえば、感情経験に伴う心拍数の上昇といった自律神経系の活動変化や、顔の表情、筋緊張の変化は外部から観察することができます。そのため、自然科学の分野で感情を取り上げる場合には、客観的にとらえることが可能な情動を研究するということになるわけです。

情動は比較的急速に生じる反応であり、中長期的に持続する強度の弱い「気分」とは異なることも、注意が必要です。本書では基本的には情動の用語を使いますが、必要に応じて感情の用語も使っていくこととします。

さて、先ほどのお菓子屋さんのケーキの例を、もう一度考えてみましょう。甘いものが好きな人なら、ケーキを見てすぐに「美味しそう！　食べてみたい！」という欲求が芽生えるはずです。「あのケーキには生クリームがたくさん使われている。一番上には新鮮そうで大きな苺《いちご》ものっかっている。そう考えると、あのケーキはきっと美味しいと思われる」と理詰めで考える人はいないでしょう。じっくりと時間をかけて思考しなくても、わたしたちはパッと見た瞬間に、そのケーキに魅入られてしまうわけです。

人の顔色をうかがう時もまったく同じことが言えます。ある日、しかめっ面の上司が両手に分厚い書類の束を抱えながら、あなたのもとに来ました。少なくとも、何か良い話ではなさそうなことがわかったあなたは憂鬱になります。自分の行った仕事にミスがあったのか、あるいは厄介な仕事を押し付けられるのか……。いずれにしても、しかめっ面からわかるのは、上司の気分はあまり良くなく、自分にもこれから困難が待ち構えているということです。わたしたちは相手の表情を見れば、怒っているのか、楽しんでいるのかの判断を比較的素早く正確に行うことができます。「上司の顔……よーく見てみると、眉間にしわが寄っているなぁ。こういう顔をしている人は、たいてい怒っていることが多いから、きっと上司も怒っているに違いない。ということは、わたしにも何かしわ寄せが来るのだろうか」。こんなややこしいプロセスを経ていると、仕事中のとっさの対応に支障をきたすことでしょう。

もっと差し迫った危険、たとえば火事の現場に遭遇した場合も同様です。目の前で火の手が上がった場合、自分や周囲の人の命を最優先に行動しなければなりません。一目散に逃げる人もいれば、大声で助けを呼ぶ人もいるでしょう。こうした場合には、ゆっくりと思考していたのでは、適切な危機回避の行動をとることができません。火の恐怖から逃れるため、システム1が素早く機能することで、わたしたちは生き延びることができるのです。

自動的な傾向もシステム1による

欲求や情動はシステム1のはたらきの中核をなすものですが、両者があまり関与しないケースもあります。たとえば、心理学でよく用いられる課題の一つに「ストループ課題」とよばれるものがあります［12］。

この課題では赤や青、緑といった様々な色のインクで書かれた「赤」「青」「緑」の文字が呈示されます。実験参加者は文字を読むのではなく（つまり、文字の形と意味を処理するのではなく）、文字が書かれたインクの色を答えるように求められます。文字と色が一致している時は、この課題は簡単です。ところが、赤いインクで「青」と書かれていたり、緑のインクで「赤」と書かれていたりすると、とたんに難しくなってしまいます。

というのも、わたしたちは文字があるととっさに読んでしまう傾向があるため、インクの色を正確に答えるためには、その自動的な傾向を制御しなければならないのです。このように、ぱっと眼に入ってきた文字を読む、あるいは自分の周りで聞こえた音の方を振り向く、といった欲求や情動が関わらないプロセスの中にも、システム１によって駆動されているものが数多くあるわけです。

認知熟考テスト

システム１の直感的思考とそれを抑えることの困難さを体感するには、「認知熟考テスト」と呼ばれる次のようなテストも有効です［13］。認知熟考テストで用いられる問題の例を、以下に紹介したいと思います。

バットとボールは合わせて１ドル10セントである。バットはボールよりも１ドル高い。では、ボールはいくらか？

この質問を何気なく読むと、答えは「10セント」と直感的に感じる読者の方が多いのではないでしょうか。正直、筆者自身もそうでした。ところがよく考えてみると、ボールが10セントなら、バットは1ドル10セントになってしまうので、合計で1ドル20セントになってしまい、間違いです。正解は「5セント」です。こうした問題は、基本的にはよく考えれば正解にたどり着くことができるのですが、うっかり間違えてしまうことも少なくありません。認知「熟考」テストという名前がついているのは、そのためです。

10セントと直感的に考えてしまうのはシステム1のはたらきで、冷静に考えるのは、あとで説明するシステム2のはたらきになります。こういった直感的思考には様々な種類があり、システム1の一翼を担っているのですが、わたしたちの意思決定に思いもよらないバイアスをかけてしまうものです。エヴァンスが「ヒューリスティックプロセス」[8]と呼んでいるように、システム1はほとんどの場面では正しい答えを出す効率の良いアルゴリズムなのですが、いつも正しい答えを出せるわけではないのです。

努力を要しない自動的に行われるプロセスは、システム1のはたらきに支えられているわけですが、当然ながら動物にも共通する先天的スキルや本能に根ざした行動が含まれることになります。自分にとっての報酬、特に短期的な利益を獲得しようとしたり、脅威を回避しようとする心理過程は、人間と動物の両者にとって重要であり、その多くをシステム1に依存しています。

もちろん、生得的ではない心理過程も、長年の学習やトレーニングによって自動化され、システム1に組み込まれるものがあります。たとえば、人間にとって金銭はきわめて報酬価値の高いものであり、金銭を獲得しようとする行為はシステム1によって駆動されます。ただし、これはもちろん先天的な傾向ではありません。金銭と他の報酬との連合、あるいは交換可能性を学習したことによる、後天的なものです。簡単な文字や短い文を読むことも同様です。後天的に学習され、記憶に保存された結果、努力や意志の力を伴わずに、システム1をもとに文字や文を読むことが可能となります。

システム1のはたらきについては、本人がそのはたらきをあまり意識せずに、無自覚のうちに働くことも大きな特徴といえるでしょう。混雑したショッピングモールの中で、後ろからあなたの名前を必死に呼ぶ大きな声が聞こえたとしましょう。その声の主が、迷子になりそうになって思わず声をあげた自分の子供なのかどうか……、そんなことを考える前に、声の方に注意が向いてあなたは後ろを振り返るはずです。自分で振り返ろう、と意識しているわけではありません。情動や欲求についても、事後的に自分のこころの推移を再認識することはできますが、その瞬間は自分が意図して発現させるというよりは自動的に発現するものです。

理性的・統制的な「システム2」

それでは、システム2のはたらきを説明したいと思います。

システム2は合理的判断や論理的思考、自制心といった、意志の力によるこころのはたらきを支えています。システム1のはたらきに、ブレーキをかけようとする存在であるといっても良いでしょう。システム2を働かせるには努力が必要で、時間もかかります。学習によって獲得された論理性や、特定のルールに基づいて思考が展開されるのも、システム2の大きな特徴です。そのため、システム2はかなりの部分で言語に依存しています。知能や処理能力と関係しているのも、システム2の大きな特徴です。また、システム1とは異なり、長期的な利益を勘案することも可能です。システム1の速いこころと対をなすものとして、本書ではシステム2を遅いこころと呼んでいます。

ここでもう一度、お菓子屋さんのケーキを例にあげることにします。ケーキを見て「美味しそう！食べてみたい！」という欲求が湧きあがるのを抑えつつ、「ダイエット中だから食べるわけにはいかない」と判断する際には、システム2がフル稼働しています。もちろん、このようにうまく制御できる場合もあれば、できない場合もあるでしょう。つまり、システム1は簡単に機能する一方で、システム2をうまく使うのには困難を伴います。

しかめっ面の上司のことも、もう一度思い出してみてください。しかめっ面の上司があなたの顔を見てきました。「はぁ……」と思いながら、あなたは自分の不愉快そうな顔をそのまま見せるでしょうか？　今後の上司との関係を考えると、それは得策ではなさそうです。精一杯自分の気持ちをコントロールして、あなたはつとめて冷静に、あるいは笑顔で上司に対応します。そうした方が、のちのち厄介にならずに済む、と知っているあなたは、システム2の力に頼ることにしたわけです。もちろん、これがいつもうまくいくとは限りません。上司はあなたのちょっとした表情の変化や仕草から、あなたの本心を見抜いてしまうかもしれません。

ストループ課題の例も同様です。システム2のはたらきによって、わたしたちは自身の自動的な反応を制御することができるのです。うっかり文字を読んでしまうのをぐっとこらえて、インクの色に集中することで、課題を正確にこなすことが可能になるわけです。ただし、やはり百点満点をとることは容易ではありません。繰り返し課題を行っていくと、だんだん慣れてくるものの、うっかり文字を読んでしまう、というエラーを完全に避けることはできません。

キャパシティの限界

ここで挙げたシステム2を働かせる例はどれも、ある程度の集中力を必要とするものです。システム2の大きな特徴の一つとして、注意力を要する心理過程を担うことが指摘されています。何か別のことに気をとられていると、うまく機能しません。言い換えると、システム2のキャパシティには明らかな限界が存在しているということです。一度に処理しきれる量には限界があるため、同時に複数の仕事を掛け持ちできないのです。

たとえば、先ほどのストループ課題を例にとってみれば、頭の中で複雑な暗算をしながら、インクの色を正確に読むことは、途方もなく難しいわけです。あるいは、みなさんは職場の同僚が必死に電卓を片手に作業をしていたら、（意地悪をするわけではない場合は）話しかけるのを遠慮するでしょう。システム2をフル稼働させて計算している時に、話しかけると混乱してしまうことを、経験的によくわかっているからです。

このような注意力を要する課題に取り組む状況を、心理学では「認知的負荷が高い」という表現を用いて説明します。ただし、認知的負荷だけがシステム2のはたらきを損なうわけではありません。

たとえば睡眠不足です。寝不足だと、システム2はあまり使い物になりません。翌日のテストに向けてまったく準備ができておらず徹夜で勉強した、という経験がある人も多いでしょう。テストの時間に集中力を切らさなければ、何とか乗り切れるかもしれませんが、眠い状態で難しい数学の問題を解くのには、相当なエネルギーを必要とします。結果として、よく寝た時の方が、頭が働いて良い成績が取れた、なんてことにもなりかねません。

こうしたシステム2の特徴は、実際の心理学的なデータによって裏付けられています。たとえばツァイらの研究では、一晩睡眠をとらなかった場合、注意力を必要とする課題でのエラーが顕著になることが報告されています［14］。同様に、ジェニングズらの研究でも、睡眠によってすべてとは言わないまでも注意を必要とする一部の課題で、成績が低下することが示されています［15］。

飲酒も、システム2のはたらきを損ねる代表的な要因です。世の中にはお酒を飲んで、良い酔い方をする人と悪い酔い方をする人がいます。良い酔い方をする人は、明るく楽しく饒舌となり、ポジティブな情動が誰からも見てとれるようになります。悪酔いをする人というのは、その正反対です。普段は頑張って抑え込んでいる負の側面が表に出てきてしまうのかもしれません。いずれにせよ、飲酒をするとシステム2があまり働かず、システム1のはたらきが前面に出てくると考えてよいでしょう。こうした現象について、ハルはアルコールによって自分自身を監視する機能が低下してしまい、結果として自己制御が難しくなる可能性を指摘しています［16］。

自我消耗

システム2の特徴を明らかにした研究としては、ロイ・バウマイスターらによる一連の研究も有名です。彼らは人間の意志の力や自制心は有限であることを、様々な実験によって証明し、自我消耗(ego depletion)という概念を提唱しています。要するに、システム2を使うと疲弊してしまい、連続してシステム2をうまく機能させるのは難しいということです。

たとえば、バウマイスターら[17]による研究では、実験参加者を美味しそうなチョコチップクッキーの香りがする部屋に案内し、そこでクッキーもしくはラディッシュを食べるように指示しました。このとき、ラディッシュを食べる課題では、美味しそうなクッキーの香りがする中でラディッシュを食べるわけですから、クッキーを食べたいという欲求を抑える必要がありました。つまり、システム2の資源が消費されていくと考えられるわけです。

その後で、参加者は別の課題として、同じ線を二度なぞることなく一筆書きで図形を書くという課題に取り組みます。参加者は練習課題を解いた後に、本番の課題に取り組むのですが、その本番の課題は実は一筆書きでは書くことができないものでした。最大で三〇分の時間が与えられ、参加者は悪戦苦闘を続けることになります。もちろん途中であきらめる参加者も出てきます。結果として、クッキーを食べた条件に比べて、ラディッシュを食べた条件では、参加者の課題に取り組んだ時間が短く、また一筆書きにチャレンジした回数も少なくなっていたのです。

また、こころを揺さぶられるような映画を見せられ、情動を抑えるよう指示されると、その後に行うアナグラム課題(ばらばらにされた文字を並べ替えて、単語を完成させる課題)の成績が低下してしまうことも明らかになっています。つまり、事前に自制心を働かせた結果、まったく異なる種類の課題であっても、自制心のリソースが足りなくなり、結果としてシステム2を駆動させることができなかったというわけです。

こういった現象は、様々な心理過程に普遍的に認められることから、自己制御を行うためには、こころのはたらきを支える共有プールからのエネルギーを使っていると、バウマイスターらは主張しています［18］。

意志の力とブドウ糖

さらに、この主張を発展させる研究成果の一つとして、バウマイスターらは次のような驚くべき実験結果を報告しています［19］。

彼らが着目したのは、血中のブドウ糖です。脳は体重の二パーセント程度の重量にもかかわらず、カロリー全体の約二〇パーセントを消費するのですが、ブドウ糖は脳にとって必須のエネルギー源となります。彼らの研究ではまず、自己制御を必要とする課題を行うことで、血中のブドウ糖が減少することが報告されました。システム2の行う負荷の高い作業は、とりわけブドウ糖を消費する、と考えられるわけです。

さらに、この減少したブドウ糖の割合から、次に行う自己制御を必要とする課題のパフォーマンスが低下することを予測できるとしています。きわめつけは、ブドウ糖が含まれた飲み物を補給することで、自我消耗の影響を回避できることを示したことです。ブドウ糖入りのレモネードを飲んだ実験参加者は、人工甘味料入りのレモネードを飲んだ実験参加者とは異なり、課題の正答率の低下がみられなかったというのです。

この研究は大変興味深いものですが、追試を含めて今後のさらなる研究が必要なトピックです[20]。実際、その後に報告された研究では、こうした効果は必ずしも再現できてはいません[21,22]。また、他の研究からは、単にブドウ糖入りの飲料を口に含むだけでも自我消耗の影響を抑えられることが示されており[23,24]、バウマイスターらが提唱したメカニズムを再考する必要性が指摘されています。したがって、現時点では結論を出すにはまだ慎重さが求められる段階です。

それでもなお、意志の力を駆動するエネルギー源としてブドウ糖が関与している可能性を報告した一連の研究は、システム2のはたらきの全容を解明する上で、きわめて大きなインパクトを与えるものです[25]。

おしっこを我慢すると……

ちなみに、本書の趣旨とはやや異なるのですが、システム2のはたらきについての非常に面白い研究があるので紹介しておきます。その研究とは、おしっこを限界まで我慢していると、先ほど紹介したストループ課題をはじめとする、様々な種類の行動制御がうまくできる、というものです[26]。

なんだか可笑《おか》しな話ですが、うなずける部分もあるのではないでしょうか。どうやって最短距離で、可能な限りの無駄を省いてトイレに駆け込めるか、これを的確に考えるにはシステム2のはたらきが必要です。もしかしたら、わたしもこの原稿を書いている時におしっこを我慢した方が良い文章を書けるのかもしれません。

この研究はそのユニークさが評価され、人々を笑わせ考えさせてくれる研究に与えられるイグ・ノーベル賞を受賞しています（念のためことわっておきますが、この研究は非常に厳密な手続きを踏まえて実施されており、心理学の分野で権威ある『サイコロジカル・サイエンス（*Psychological Science*）』という雑誌に掲載されています）。

なお、こうした研究成果は、先ほど紹介したバウマイスターらの研究の知見とは、一見相反するようにも見えるかもしれません。ただし、この研究では尿意を我慢するという、必ずしも熟慮的なプロセスではないものを扱っている点で、自我消耗の研究とは若干異なる側面を評価しているようにも考えられます。また、尿意を我慢しながら同時に別の課題を行っているという点で、連続して課題を行う自我消耗についての一連の研究とは手続きが異なっています。おしっこを我慢している、まさにその瞬間に限ってみれば、システム2はうまく機能してくれるようです。いずれにしても、システム2のはたらきについての正確な理解のためには、まだこれからの研究が必要と言えるでしょう。

システム1とシステム2の相互作用

システム1とシステム2がそれぞれどのようなこころのはたらきを担っているのか、大体のイメージが出来たのではないかと思います。システム1の存在によって、わたしたちは外界の刺激を素早く評価し、緊急時に迅速な行動を起こすことが可能になります。また、直感的な意思決定を導くことで、膨大な情報量に飲みこまれることなく、適応的な行動を選択することが可能となります。

一方、危機が迫っていない状況では、システム2が熟慮に基づく意思決定を導くことで、より合理的な行動を選択することができます。システム2は直感ではなく、論理性に基づいて思考を展開します。外界の刺激や自身の意思決定を論理的に評価することで、より社会に適応的に振る舞うことも可能となります。システム1が自動的に駆動するのに対し、システム2は自然にはできないことを意識して処理するメカニズムといえます。

このように、二つのシステムが担っているはたらきは、本質的に異なるものです。もちろん、わたしたちの意思決定をすべて、システム1とシステム2で説明できるわけではありません。それでもわたしたちが日常生活を送る中での多くの局面で、これらのシステムが意思決定に作用していることは明らかです。

ただし、システム1とシステム2は対等な関係ではないことに注意する必要があります。たとえば、両者の仕事量はまったく異なります。というのも、普段わたしたちは比較的、システム1の自動的なはたらきにまかせています。特に大きな問題がなければ、システム2を稼働させる必要もなく、平穏無事に過ごせるのです。つまり、システム1が「こうしたい！」としてきた要求に対して、システム2は温かく見守っているだけ、もしくはちょっと背中を押してあげるだけ、という場面は少なくありません。

システム1の要求に対し、経験や知識をもとにシステム2が大幅な修正を加える場合——たとえば仕事中だけど昼間からビールを飲みたい、という欲望を完全にシャットアウトするような場合、システム2は初めてその力を発揮します。システム2は適宜休憩をしながら働くのに対し、システム1には休みはほぼありません。

二つのシステムの違いを、以下のように表現することもできるかもしれません。システム1は敏感であり、システム2は鈍感であるということです。システム1は即座に自動的に働くので、そのはたらきの正しさは別としても、外界の情報に敏感であると言えるでしょう。一方、システム2は必要な局面において、必ずしもうまく機能するわけではありません。システム2を駆動させても効果が得られない場合もありますし、そもそもシステム2を駆動させるべきかどうか、そういった兆候を鋭敏に察知できていない場合もあるのです。システム1とシステム2は、果たすべき役割だけでなく、様々な面で異なったこころのはたらきと言えるでしょう。

システム1はシステム2でコントロールできないのか？

システム1、すなわち速いこころと、システム2、すなわち遅いこころの間の関係性がわかってきたところで、本書における大事な問いを提示したいと思います。

システム1のはたらきはシステム2のはたらきによって、うまくコントロールできると考えて良いのでしょうか？

これはもちろん、状況によっても異なるでしょうし、大きな個人差が存在するこころのはたらきなので、短絡的な結論を出すのは危険です。それでも、どちらか答えを出すとすれば、コントロールできるという考えと、コントロールできないという考えは、どちらが正しいのでしょうか。
この問題に対する答えは、実は研究者によって大きく異なっており、明確な結論は出ていません。どちらの意見も、十分に正当性があるものの、その両者をどう統合的に理解すればよいかは、まだわからないのです。

ノーベル賞学者の意見は？

本章でも紹介したノーベル経済学賞を受賞したダニエル・カーネマンは、システム2のはたらきについて、どちらかと言えば悲観的です。何しろ、彼の著書『ファスト&スロー』のなかでも、システム2の説明個所では「怠け者のコントローラー」という見出しがつけられているくらいです［3,4］。もちろん、システム2がうまく機能する場合を認めてはいますが、全体としてはシステム1をコントロールするのは難しいという意見です。

ところがシステム2は怠け者という性格を備えており、どうしても必要な努力以上のことはやりたがらない。そこで、システム2が自分で選んだと信じている考えや行動も、じつはシステム1の提案そのままだったということが、往々にして起きる（『ファスト&スロー』上巻 p. 60）。

なお、彼は「人間の経済活動は合理的である」という前提を覆し、情動を含めたシステム1のはたらきが、わたしたちの意思決定に多大な影響を与えることを明らかにした研究者であることを加味する必要があります。つまり、彼の主要な主張がシステム1の重要性を説くことにある以上、システム2のはたらきを過小評価している可能性もないとは言い切れません。

コントロールできない錯覚…

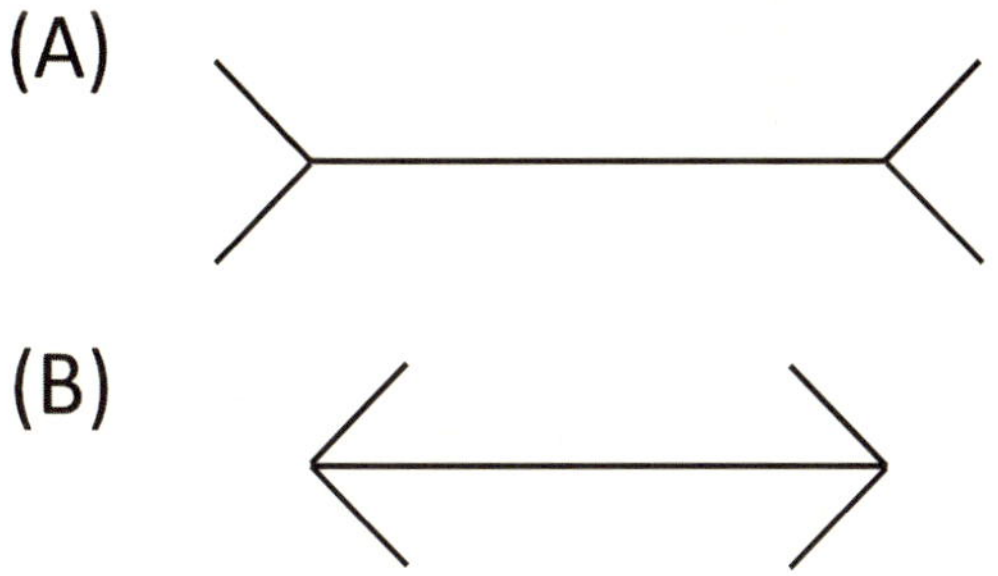

図1－1
ミュラー・リヤーの錯視　AとBの水平の線分の長さは同じである。

システム1のはたらきをシステム2のはたらきで止められない一例として、錯覚と呼ばれる現象があります。図1—1に示したのは、有名なミュラー・リヤーの錯視です。上下に平行する二本の線が並んでいますが、上の線の方が長く見えます。これは線分の両端についている斜めの線によって、線分そのものの長さが異なっているように主観的に見えるだけで、実際の長さは変わりません。

ここでの重要なポイントは、わたしたちはこの図形が錯視であり、実際には線分の長さは変わらないことを、理屈で理解してもなお、主観的な知覚が変わらないということです。この現象は、システム1に対するシステム2の無力さを決定的に示すものと言えます。

錯視の例は、あくまで知覚の側面を捉えたものであり、意思決定とは本質的に異なると考える人もいるでしょう。

ところが、より複雑な意思決定場面でも、同様のことが起こることが知られています。つまり、頭では十分にわかっているのに、システム2がシステム1をコントロールできない状況が、いくつも確かめられています。この点はお金に関する意思決定にフォーカスする、第三章でも詳しく見ていきたいと思います。

一方で、システム2でシステム1を十分にコントロールできるとする意見も少なからず存在します。次の章で詳しく触れていきますが、わたしたち人間は自制心を働かせることで、お菓子を食べるといった欲求を満たす行為を先延ばしにすることができます。これは紛れもなく、システム2でシステム1をコントロールしている例です。

また、第五章で取り上げる道徳的判断のメカニズムでは、きわめて困難な意思決定をする際にシステム2が大活躍することを説明したいと思います。筆者にとっては、個別の例で考えれば、システム2は非難の的になるほど怠け者ではないように感じられます。

ハイエナとアメリカカケスの意思決定

もし、人間のシステム2が怠け者であるなら、動物は人間よりもさらにシステム1に依存した行動を取るのではないかと考えてしまいたくなります。実際、動物の行動の多くが本能に根差したシステム1由来のものであることは疑いの余地はありません。ただし、動物においても、わたしたちの想像以上に複雑な意思決定をしている、という事実があります。

たとえばハイエナは他の動物から獲物を奪うことから、「ハイエナのような」という言葉が、ずる賢さや強欲さを示す表現として用いられます。いかにもシステム2が備わっていそうな表現ですが、実際にハイエナはシステム1に依存した行動ばかりをするわけではなく、優れた問題解決能力を示します。

ハイエナに餌の入ったパズル箱を与え、どのように扉を開けるかを観察した実験では、ハイエナがただ力任せに箱を開けるわけではないことが示されています［27］。箱を開けようとして、ひっくり返したり、噛んだり、押したり引いたりといったように、ハイエナは多岐にわたる試行錯誤をすることがわかっています。そして一旦開け方を理解すれば、次からはより素早く箱を開けることができるようになります。ハイエナは他の個体と協力して餌を獲得するといった社会性が備わっていることも知られており［28］、かなり高度な意思決定が可能であることが示唆されています。

また、アメリカカケスは過去の記憶をもとに、事前に隠しておいた餌を探すことができます。餌を隠しておいて、あとから取り出せるという事実だけを取り上げても、単に欲求まかせの行動をしているわけではないことがわかるのですが、クレイトンとディッキンソンが報告した研究成果は、さらに驚くべきものでした。

アメリカカケスはピーナッツよりも虫のほうが好物なのですが、虫は時間が経つとピーナッツよりも傷みやすいことは、みなさんも想像ができるでしょう。そこで、餌を隠してから長い時間が経った後、つまり虫が傷んできた頃に、ピーナッツと虫のどちらを探そうとするかを調べることで、アメリカカケスの「いつ」についての記憶を調べることができると彼らは考えたのです。この実験からは、餌を隠した四時間後には、アメリカカケスはピーナッツよりも虫を探すものの、一二四時間後には虫よりもピーナッツを探すことが報告されています[29]。

「鳥頭」という揶揄《やゆ》の対象となる鳥類ですが、アメリカカケスの場合は驚くほど柔軟な記憶と意思決定のメカニズムを持ち合わせているようです。こうした動物を対象とした研究の成果を鑑みると、人間においてシステム2のはたらきをもっと信用したとしても、大きく間違っているわけではないように思われるのです。この問題には第七章でもう一度触れることにします。

こころを支える脳のシステム

システム1をシステム2でコントロールできるのかどうか、この大きな問題に加え、もう一つ解決すべき大きな問題があります。それは、システム1やシステム2を、脳のはたらきで十分に説明できるかどうか、という点です。

カーネマンは自身の著書の中で、システム1とシステム2が脳のどこかに属しているわけではない、と明確に述べています。実際、システム1=領域A、システム2=領域B、というように一対一の対応は想定できません。まず、二重過程理論そのものが、心理学的な研究成果をベースとして発展を遂げたものであり、脳の関与はもちろん考慮されているものの、厳密な意味での脳領域の機能との関係を論じているものではない、ということに注意が必要です。

また、これまでご紹介してきた通り、システム1とシステム2が担うはたらきは多岐にわたっており、そもそも一言で説明するのが困難です。当然ながら、多様なこころのはたらきはそれぞれ、脳の異なる領域、あるいは脳のネットワークの複雑な相互作用に依存します。したがって、システム1とシステム2が脳のどこかに属しているわけではない、という意見は的を射たものと言えるでしょう。ただし、システム1とシステム2との相互作用のなかでも、理性と情動との間の葛藤や、自制心と欲求との間の対立など、より限定したプロセスに着目すると、脳のはたらきとの対応関係をある程度特定できることが、近年の研究では示唆されています。

実際、従来の二重過程理論をベースにしつつ、「反射的プロセス」と「内省的プロセス」という区分を提唱しているリーバーマンらは、それぞれをX-System（Xシステム）、C-System（Cシステム）と呼び、それらに対応する脳領域も提唱しています[9]。

彼は反射的プロセスであるXシステムを担う複数の脳領域を挙げていますが、とりわけ注目すべきは皮質下とよばれる、大脳基底核や扁桃体《へんとうたい》といった脳領域の関与を指摘している点です。これらの領域は、進化的に古い構造であり、人間以外の他の動物にも共通してみられるものです。

一方、内省的プロセスであるCシステムを担う重要な領域の一つとして、前頭前野《ぜんとうぜんや》が挙げられています。これは人間のみに存在する領域というわけではありませんが、進化的には新しい領域とされています。もちろん、リーバーマンら自身も脳領域と各システムの対応を絶対的なものと考えているわけではなく、あくまで反射的プロセスと内省的プロセスを支える最も有力な脳領域候補として位置づけています。次章以降では、こうした二重過程理論と対応する脳領域という観点にも注目しながら、上記の脳領域の具体的な役割も織り交ぜつつ、話を進めていきたいと思います。基本的には、筆者も二重過程理論の少なくとも一部は、脳のはたらきという観点で十分に説明ができると考えています。

このように、二重過程理論は多くの研究者の研究成果やアイデアの積み重ねによって出来上がった、人間の意思決定を説明する最も優れたモデルの一つです。本書でこれから紹介する研究のように、脳科学の視点からも二重過程理論が検証されていることを考えれば、今もなお成長を続けている理論とも言えます。

なお、本書では詳しくは取り上げませんが、こうした二重過程理論に対して批判的な見解も少なからず存在します［30－32］。とはいえ、二つの異なるこころのはたらきが意思決定に関わっているということは、現在ではそれなりにコンセンサスが得られていると考えて良いでしょう。次章からは、こうした二重過程理論の考え方をサポートする、心理学や脳科学の具体的な研究成果をご紹介したいと思います。

第二章　マシュマロテスト

——半世紀にわたる研究で何がわかったのか？

「マシュマロテスト」とは何か？

前章では、主に二重過程理論について紹介してきました。理屈っぽい話が続いたので、読者のみなさんにとっては少し退屈だったかもしれません。本章からは、より具体的な研究成果をとりあげていこうと思います。

本章で紹介するのは「マシュマロテスト」と呼ばれるものです［1,2］。マシュマロは子供たちが大好きなお菓子の一つです。この大好きなお菓子を、今すぐに一個もらうか、それとも二〇分待って二個もらうか、子供たちがどちらを選択するかを調べます。当然ながら、待てる子供と、待てない子供が出てきます。子供たちがどのような方法を使って、目の前のマシュマロという誘惑に抗《あらが》うのかは、個人差もあります。

とてもシンプルな実験に見えますが、この実験からは理性と情動がどのように日常生活で働いているのかを、見事に描出することができます。また、繰り返し行われた追跡調査の結果によって、幼少期における「自制心」が、その後の人生にどのような影響を与えるかについて、きわめて貴重な知見も提供されています。

マシュマロテストは、米国スタンフォード大学の心理学者であるウォルター・ミシェルが、今から半世紀ほど前に始めました。ミシェルが関心を持っていたのは、意志の力です。特に、将来により良い結果を得るために、その場での欲求を満たす行為を先延ばしにする仕組みをミシェルは知りたいと考えていました。彼が三人の娘の成長を見守る中で、子供たちの目覚ましい自制心の発達を目の当たりにしていたこと、また自分のことを自制心を働かせるのが苦手でせっかちであると考えていたことも、彼の研究上の興味・関心と無関係ではありませんでした。

学生や娘たちなら知ってのとおり、私は自制心を働かせるのが苦手だ。学生たちのあいだでは有名だが、真夜中に電話をかけて最新のデータ分析の進み具合を尋ねたりする（『マシュマロ・テスト』p. 9）。

同じ研究者として、データが気になる気持ちはわたしにもよくわかりますが、真夜中に電話をしてしまうのでは、たしかに彼の自制心は十分ではなさそうです。

テストの様子

マシュマロテストの歴史は、スタンフォード大学の職員の子供たちが通うビング保育園で始まりました。実験に参加した園児たちは、机と椅子だけが準備された個室に連れてこられ、椅子に座るよう指示されます。机の上のお皿には、マシュマロが一個載っています（図2—1）。実験者は「お皿の上にマシュマロがあるね。これはあなたにあげるけど、わたしが部屋を出てから戻ってくるまでの二〇分間、食べるのを我慢できたら、もう一個マシュマロをあげるよ。わたしがいない間に食べちゃったら二個目はなしだよ」と言って部屋を出ていきます。机の上にはベルがあり、ベルを鳴らすと実験者が戻ってくるので、その場合には二〇分が経つ前に目の前の一個のマシュマロを食べてもいいことも伝えられました。

図2－1
マシュマロテストの流れ　もう一つマシュマロをもらうためには、目の前のマシュマロを我慢しなくてはならない。

目の前のマシュマロを食べたいという欲求を子供たちが制御するのは、とても難しいことです。部屋に備え付けられた隠しカメラには、子供たちの奮闘する様子が残されていました。ある子供はマシュマロをちらちら見たり、別の子供はベルを押そうとして出した手を慌てて引っこめたり。深呼吸をしてみたり、壁を叩いて時間が過ぎるのを待とうとする子供もいました。

これらの映像を注意深く分析してみると、一つのはっきりとした傾向がみてとれました。目の前にあるマシュマロを見たり、手に取ったりする子供は、最後まで我慢して待てずに食べてしまう場合が多いこと、逆にマシュマロを見ないようにしたり、マシュマロから注意を逸らそうとする子供は、我慢できる場合が多いということがわかったのです。

大規模追跡調査

ミシェルの三人の娘たちも、全員がこの保育園に通い、そして父の行う実験に協力していました。

そのため、娘が大きくなっていくと同時に、実験に参加した子供たちの成長の様子を、ミシェルは折に触れ娘たちに聞くことができました。

そこでミシェルは興味深いことに気がつきます。園児の頃のマシュマロテストの結果（どれくらい待つことができたか）と、その後の学校生活・社会生活の成功具合に、一定の関係性があるように思われたのです。もしこれが本当であるなら、驚くべきことです。当時の心理学では、幼少期に行う様々な心理テストの結果から、その後の人生に与える長期的な影響を検証する研究も行われていたのですが、そういった試みはなかなかうまくいかなかったのです。

ここから、ミシェルらのグループによる大規模な追跡調査が始まります。一九六八年から一九七四年までの間、スタンフォード大学ビング保育園に入園し、マシュマロテストを受けた五五〇人以上が対象となりました。これらの参加者に対し、およそ一〇年ごとに、学業や人づきあいがどのくらいうまくいっているか、将来を見通した計画が立てられるか、といった様々な行動についての質問票を送ったのです。この追跡調査は現在でも続けられており、ひょっとすると参加者が天寿をまっとうするまで継続されるかもしれません。

まずはマシュマロテストを受けてから約一〇年経過した、一〇歳代の青少年期についての結果を紹介したいと思います[3−5]。これらは主に、参加者の親や教師からの客観的な評価に基づいたデータです。まず、マシュマロテストで欲求の充足を先延ばしすることができた子供たち、つまり長い時間待つことができた子供たちは、周囲の他の子供たちに比べ、より強い自制心を持っているという評価を受けました。さらに、将来のことをよく考えて計画を立てたり、理性的な判断をくだす能力にも優れていました。ストレスにさらされる場面であっても、取り乱したりせずに、適切にそのストレスに対処できる傾向が高いこともわかりました。つまり、マシュマロテストで我慢して待つことができた子供たちは、いわゆる手のかかるやんちゃな青少年のステレオタイプとは、正反対の様相を呈していたわけです。この研究を進めていたミシェル本人にとっても、こうしたはっきりとした結果は驚くべきものでした。

学業成績でも、マシュマロテストで待てた時間が長かった子供たちと、短かった子供たちとの間に違いがあることがわかりました。ミシェルらは大学進学適性試験(SAT; Scholastic Aptitude Test 一九九〇年からScholastic Assessment Test)と呼ばれる、アメリカでの大学入学を志願するために受けるテストのスコアを用いました。非常にラフな言い方をすれば、日本のセンター試験のよう

マシュマロテストで長い時間を待てた子供の特徴	
テストの最中	マシュマロから意図的に注意を逸らす
10歳代	強い自制心を持っていると他者から評価される
大学進学時	大学進学適性試験(SAT)での成績が高い
成人後	教育歴が高い、肥満の割合が低い、社会的に成功している

表2−1
マシュマロテストで長い時間を待てた子供の特徴

なものです。このSATの点数とマシュマロテストでの先延ばしの時間との関係を調べてみると、正の相関関係にあることがわかりました。つまり、長く待てた子供ほど、SATの点数も高いという結果が得られたのです。

追跡調査では、成人した実験参加者からもデータを得ることができました [6,7]。二〇歳代から三〇歳代での自己申告に基づいたデータによると、マシュマロテストで長い時間待つことができた子供たちは、待つことができなかった子供たちに比べ、高い教育歴を有しており、肥満の割合も大幅に低いことが判明しました。青少年期同様、将来の計画を立てて自信を持って行動することができ、社会的にも成功している例が多かったのです。表2—1を見ると、マシュマロテストで長い時間を待てた子供の優れた特徴がおわかり頂けると思います。

脳のはたらきの違い——我慢できた子、できなかった子の将来

ここまで紹介してきた研究の成果だけでも、十分驚くべき内容ですが、他にもマシュマロテストからわかったことがあります。それは自制心に関わる脳のはたらきについてです。

初期のマシュマロテストで待てた時間が長かった子供たちと短かった子供たちは、どちらも今では中年期に入っています。そして彼らが成長したこの数十年の間に、脳科学の分野でも大きな変化がありました。それは生きた人間の脳活動を、磁気共鳴画像法（MRI; Magnetic Resonance Imaging）を使って間接的に測定する、機能的磁気共鳴画像法（fMRI; functional Magnetic Resonance Imaging）という手法が普及したことです。MRIは生体内部の情報を画像化できるため、主に医療機器として使用さ

れていますが、日本の小川誠二先生が脳血流の動態を視覚化する手法の原理を発見したことにより[8]、fMRIを用いた人間の脳機能の研究のスピードが飛躍的に上昇しました。

ミシェルらの研究グループはこうした脳科学の手法の発展を利用して、マシュマロテストに参加した子供たちが中年期になった頃から、脳活動を測定する実験を開始しました[9]。ビング保育園に通っていた園児たちは、今ではバラバラになってしまっていますが、彼らの一部が快くfMRIによる実験に協力してくれたのです。事前にミシェルらが立てた仮説は、欲求を満たす行為の先延ばしに関わる脳のメカニズムが、子供の頃のマシュマロテストで待てた時間が長かった参加者と短かった参加者の間で異なっているだろう、というものです。実際に得られた結果は、こうした仮説を支持するものでした。

fMRIによる研究では通常、MRI装置の中に横たわった実験参加者が、脳の撮像と同時に、目の前に映し出されたコンピュータの画面を見ながら、心理学的な実験に取り組みます。この実験では、実験参加者には笑顔や恐怖の情動を示した顔の画像が一枚ずつ呈示され、呈示された顔の表情に応じて、手元のボタンを押す（Go反応）、あるいはボタンを押さずに行動を制御する（No-Go反応）、というGo/No-Go課題を行いました。

その結果、幼少時にマシュマロテストで欲求の充足を先延ばしにできた人たちはそうでなかった人たちに比べ、ボタンを押すのを我慢する時に下前頭回とよばれる領域の活動が高いことがわかりました。下前頭回は、脳の前頭前野の一部です。前頭前野はこれまでの研究から、衝動の制御や論理的思考を担っていることが明らかとなっており、まさに理性を司《つかさど》っている領域です。

さらに、この研究ではもう一つ注目されたポイントがあります。それは笑顔が呈示されてボタンを押さないという状況、つまり惹きつけられる刺激に対して行動を制御する際の、腹側線条体《ふくそくせんじょうたい》とよばれる領域の反応です。この実験からは、マシュマロテストで欲求の充足を先延ばしできなかった人たちはできた人たちに比べ、腹側線条体の活動が高いことがわかりました。腹側線条体は皮質下の深部に位置しており、次節で紹介するとおり、報酬情報の処理や主観的な快楽にきわめて重要な役割を果たす領域です。

理性と情動の座——前頭前野と皮質下領域

それでは前頭前野と皮質下領域について、もう少し詳しく説明したいと思います。前頭前野は、大脳半球の前頭葉とよばれる領域のなかでも、運動に関わる運動野に属さない領域が該当します。前頭前野は系統発生的には、ヒトで最も発達した領域とされています。つまり、他の動物に比べて、人間では脳全体に占める前頭前野の割合が大きいのです（ただし、これに反証する研究も、近年報告されているため注意が必要です［10,11］）。

また、個体発生的には、成熟に最も時間がかかる脳領域でもあります。他の脳領域が比較的早い段階で成熟するのに対し、前頭前野は青年期になっても発達を続けていくのです［12］。こうした知見から、前頭前野は「人間を人間たらしめる脳領域」であるとも言われています。

他の脳領域との関係性で考えるならば、視覚情報処理に関わる後頭葉や、空間認知・感覚情報の統合に関わる頭頂葉、言語や記憶の処理に重要な側頭葉といった、他の大脳皮質の上位に位置する領域

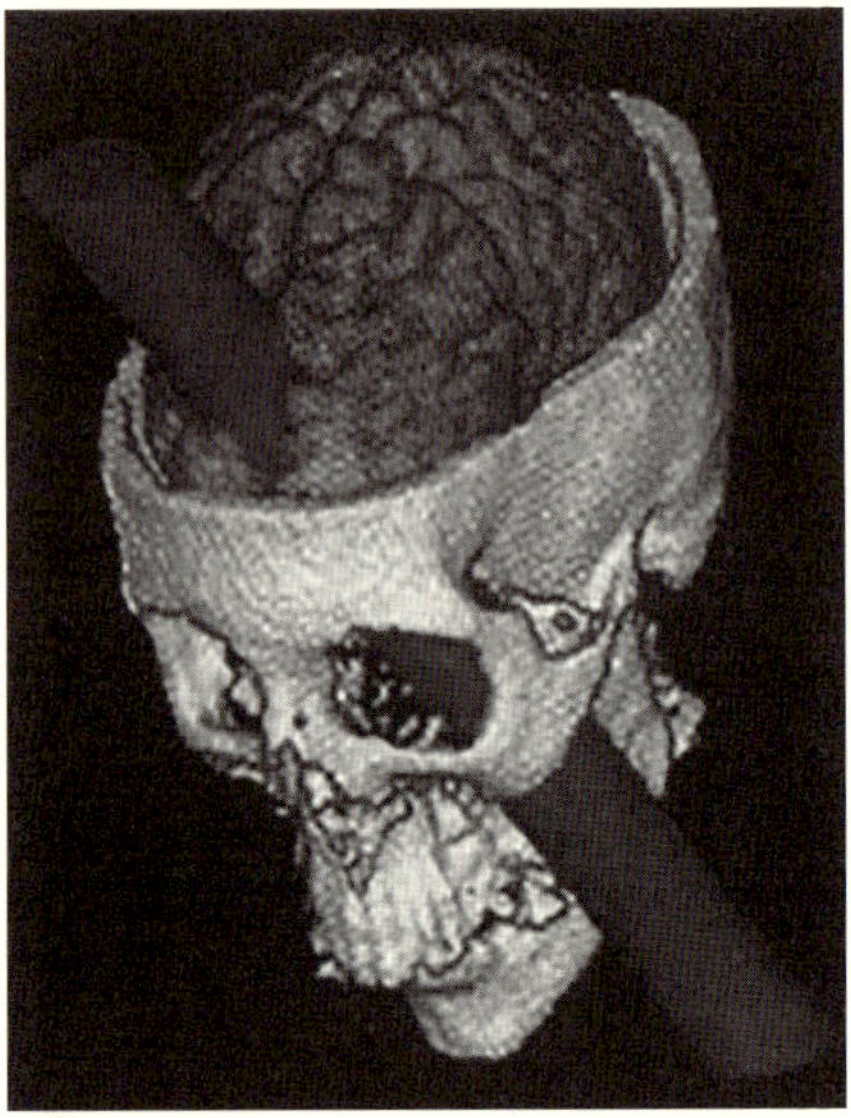

図2－2
フィネアス・ゲージの頭蓋骨をもとに、鉄棒の貫通を再現した図 ［32］より転載。

といえます。

前頭前野は、将来の行動の計画や、行動の切り替えなど、きわめて複雑な人間の心理過程を支えています。実はこうした前頭前野についての研究が積み重ねられるきっかけとなった、ある一人の患者がいます。

アメリカ人の男性で、名前をフィネアス・ゲージといいます［13］。彼は鉄道敷設《ふせつ》の工事現場で現場監督として陣頭指揮をとっていたのですが、発破作業の際に火薬が誤って爆発を起こし、鉄の棒が頭を貫通するという悲劇的な事故に見舞われました（図2―2）。この事故によって、彼の前頭前野は損傷を受けてしまったのです。彼は奇跡的に命を取り留めたのですが、元のように仕事に復帰することはできませんでした。

もともとは、聡明で仕事もよくできる優秀な男性だったのに、事故の後は無礼で気まぐれになり、計画をたてて作業をすることができなくなりました。自分の欲求を制御することも難しく、社会的に適応した生活をすることも困難になりました。事故前の彼のことを知っている人たちが、「もはやゲージではない」と言うほどの変化だったのです。言うまでもなく、彼のこうした行動や性格の変化は、前頭前野の損傷に由来するものです。

三つの下位領域

前頭前野は、本書で紹介する理性のはたらきを支える最も重要な脳領域なのですが、前頭前野のなかでも機能に違いがある下位領域があることも知られています［14］。最も一般的な分け方は、外側《がいそく》前頭前野、内側《ないそく》前頭前野、眼窩《がんか》前頭皮質、という三つの領域に分ける考え方です（図2―3）。

外側前頭前野は、脳を外から見た時に表面に位置している領域です。論理的思考や合理的判断といった理性の力を発揮するのに最も重要な領域は、この外側の前頭前野です。冷静でクールな情報処理をしており、情動のコントロールに重要な脳領域です。基本的に本書で、理性や自制心にかかわる前頭前野の話をしている時には、特にことわりがなければ、この外側の前頭前野を主に指していると考えて頂いて良いでしょう。つまり、外側前頭前野は遅いこころを支える最も重要な領域と言えます。

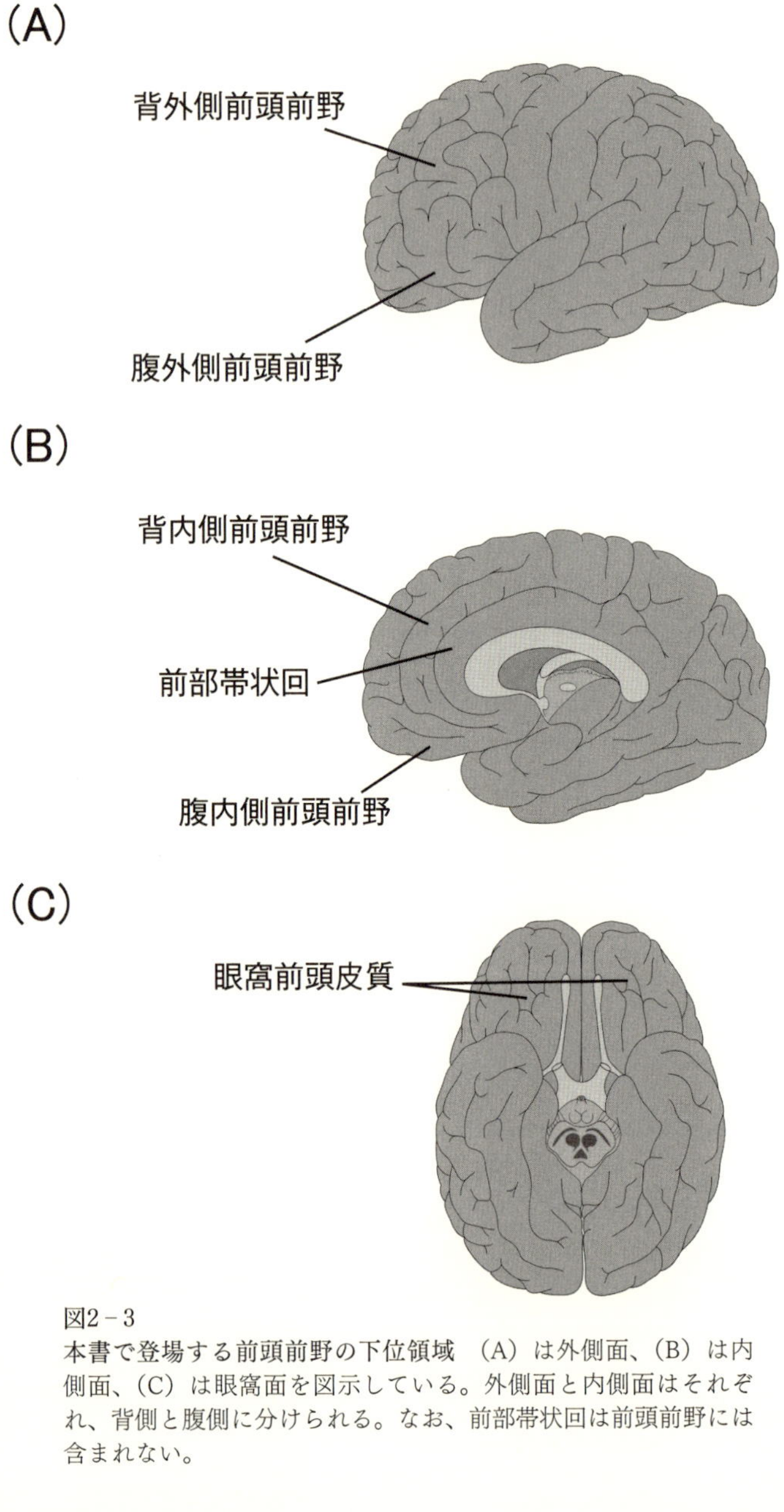

図2－3
本書で登場する前頭前野の下位領域　(A) は外側面、(B) は内側面、(C) は眼窩面を図示している。外側面と内側面はそれぞれ、背側と腹側に分けられる。なお、前部帯状回は前頭前野には含まれない。

内側前頭前野は、文字通り前頭前野の内側面に位置する領域で、外側前頭前野とは機能が異なっています。担っている機能が多岐にわたっており、一言で表現するのは難しい領域なのですが、わたしたちの意思決定の際の様々な調整役を担っていると考えられています。理性と情動とが対立する際には葛藤が生じるわけですが、そういった葛藤の検出にはこの領域が重要であるとされています。衝動的な行動の制御といった、外側の前頭前野にも通じる役割を担うこともある一方で、他者の気持ちをくみ取ったり、社会的な情動の処理に関与する場合もあり、速いこころと遅いこころの仲介役であるかのようです。

脳の底面、ちょうど眼球の上に位置している領域は眼窩前頭皮質とよばれています。この領域も、外側、内側の前頭前野とは異なるユニークなはたらきをしています。具体的には、外界の刺激の価値を評価し、報酬の獲得と罰の回避を促す領域です。ある行動が自分にとってプラスなのか、マイナスなのか、そういった意思決定を支える重要な領域です。実は前頭前野のなかでも、この領域が処理している情報は情動や本能的な行動との関連が深いものが多く、後述する皮質下領域とも連携して機能していることが知られています。したがって、前頭前野のなかでも、この眼窩前頭皮質については速いこころとの対応関係がより注目されています（本書では詳しく取り上げませんが、遅いこころのはたらきと無関係というわけではありません）。

側坐核と扁桃体

皮質下領域は外側からは見ることができない、文字通り大脳皮質の下部にある領域であり、大脳半

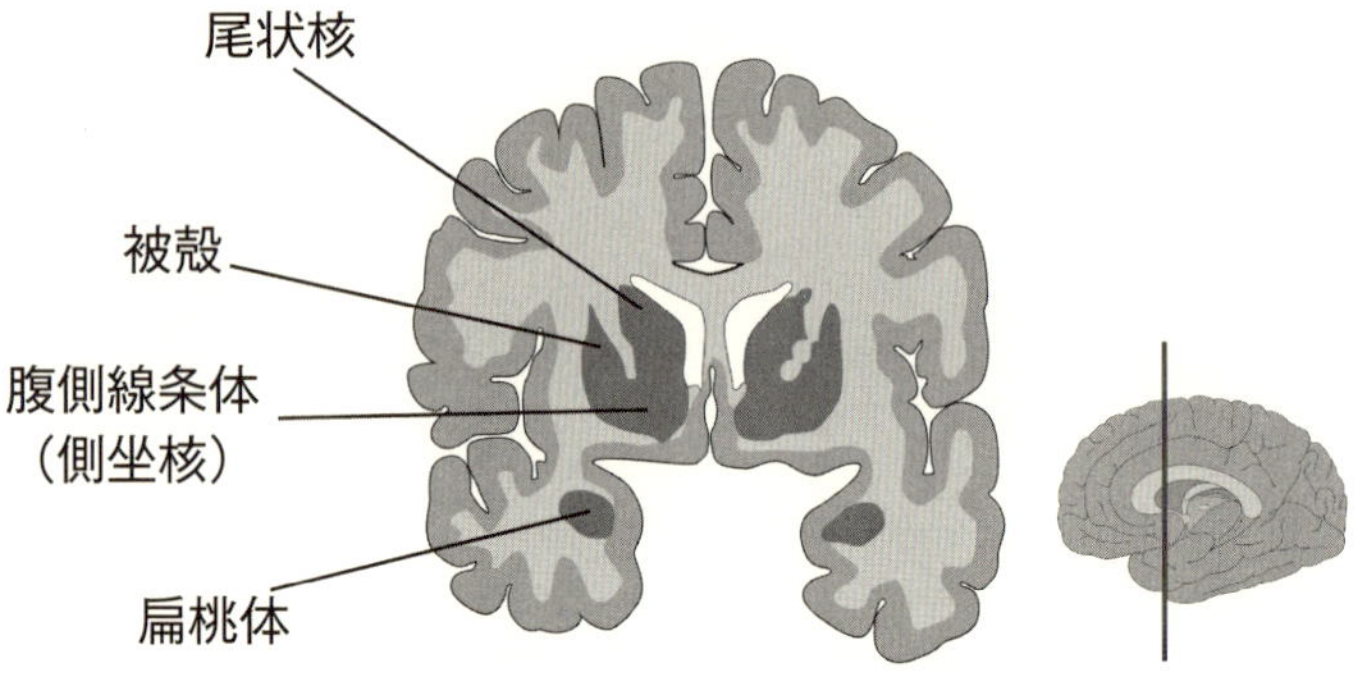

図2－4
本書で登場する皮質下の主要な領域（右図は断面部位を図示している）

球内部にある脳構造の総称です（図2―4）。皮質下領域は主に本書で取り上げている速いこころのはたらきを担っており、食欲、性欲、睡眠欲といった本能に根ざした欲求や、行動への意欲、つまりやる気などにも関わっています。また、いわゆるやる気スイッチとも呼べる領域として、側坐《そくざ》核《かく》があります。

マシュマロテストで欲求の充足を先延ばしできなかった人たちで、腹側線条体《ふくそくせんじょうたい》とよばれる領域の活動が高いことを紹介しましたが、側坐核は腹側線条体の一部です。

側坐核は報酬情報の処理、たとえば今年のボーナスは去年よりも増えているはずと期待したり、注文した好物のスープカレーが運ばれてくるのを待ちわびているときに活動します。また、快楽や中毒にも関わっており、広くとらえれば快情動の処理に関わっているともいえます。

皮質下領域の中には、喜怒哀楽といった情動に関わる扁桃体《へんとうたい》という領域もあります。古典的な研究成果では、扁桃体は不快情動との関連が主に示されています。たとえばこの領域が損傷されたサルでは、本来は怖がって近付かないようなヘビに対しても警戒することがなくなったり、何でも口に入れて食べてしまうといった、行動の著しい変化が認められます[15]。人間でも、扁桃体の損傷によって、他者の表情から恐怖の情動を読み取ることができないといった症状が報告されています［16］。

こうした皮質下の領域は前頭前野と違い、進化的には最も古い脳領域のひとつです。つまりこの領域は、動物にも共通する機能に関わっていると言えるでしょう。こうした知見も踏まえて振り返ってみると、マシュマロテストのような意思決定場面では、前頭前野は行動を制御して「あと」を選択するシステム、皮質下領域は行動を促進して「今」を選択するシステムと考えると、より理解しやすくなるはずです。

つまり、マシュマロテストで長い時間を待てた子供は、上手に行動を制御することができ、大人になってからも前頭前野が機能的に活動しているわけです。一方、マシュマロテストで待つことができなかった子供は、目の前のマシュマロを獲得しようという行動が促進されやすい傾向にあり、それは大人になっても腹側線条体の活動の高さに反映されているのです。このように、わたしたちの自制心と欲求の対立は、脳の中では前頭前野と皮質下領域との対立に対応しているようです。

自制心と欲求の対立を支える脳のシステム

こうした自制心と欲求の対立についての研究を進めているのは、ミシェルらのグループだけではありません。たとえば、シヴとフェドリキンが行った次のような実験があります［17］。

この実験では参加者は二つのグループに分けられ、実験室に案内されます。そこで片方のグループの参加者は、七桁の数字を暗記するように指示され、もう一方のグループの参加者は二桁の数字を暗記するよう指示されます。

参加者はその後、数字を暗記したまま別の実験室に向かいます。この実験室では研究者が待っているので、覚えた数字を報告するのですが、移動中に通る廊下で、フルーツサラダとチョコレートケーキを載せたカートが置いてあります。フルーツサラダの方がヘルシーなのはわかっているのですが、チョコレートケーキの誘惑も強烈です。参加者はどちらをより食べたいかを選び、引換券となるチケットを貰ってから部屋に向かいました。

二桁の数字を覚えておくのは、それほど難しいことではありませんが、七桁の数字を正確に覚えておくには、集中して頭を使う必要があります。この違いによって、なんとフルーツサラダを選ぶか、チョコレートケーキを選ぶか、この意思決定に影響が出ることがわかりました。七桁の数字を暗記したグループの参加者は、二桁の数字を暗記したグループの参加者に比べ、チョコレートケーキを選ぶ割合が一・五倍程度高くなったのです。さらに、衝動性の高い参加者ではこの効果が顕著であり、チョコレートケーキを選ぶ割合が二倍以上になりました。

これは、七桁の数字を暗記するという認知的に高い負荷がかかったことにより、理性を働かせるためのリソースが損なわれ、結果としてチョコレートケーキを我慢することができなくなったものと解釈されています。理性が別の仕事にとりかかっていると、とたんに抑え込まれていた欲求が前面に出てきてしまうのです。

最近の脳科学の研究でも、美味しいものへの誘惑に抗う理性のはたらきに着目した実験が報告されています［18］。ロペスらが行った研究では、fMRIによる脳活動の撮像中に、二種類の課題を行いました。

一つ目の課題では、食べ物や人、風景の写真が呈示され、その写真が屋内のものか、屋外のものかを判断しました。この課題のポイントは、食べ物の写真を見た時に、これまでにも出てきた側坐核の反応が個人間でどれくらい異なるかを調べることでした。

二つ目の課題は、先ほども登場したGo/No-Go課題と呼ばれるものです。これはある特定の画像が出てきたらボタンを押し（Go）、別の種類の画像が出てきたら、ボタンを押さない（No-Go）という課題でした。ボタンを押さない、という行動の制御、つまり前頭前野のはたらきの個人差を調べるために行った課題です。この一連のfMRIによる脳の撮像に引き続き、実験参加者にはスマートフォンが配られました。参加者にはこのスマートフォンを通じて、その日に食欲をそそられた出来事や、それにどう対応したか（食べてしまったのか、我慢できたのか）という質問が、毎日送られ、一週間にわたりデータ収集が続きました。

彼らの研究でわかったことは、fMRIの撮像によって得られた側坐核と前頭前野の反応の個人差によって、美味しいものに対する誘惑に抵抗できるか否かが予測できる、ということでした。まず、食べ物の写真に対する側坐核の活動が高い参加者ほど、美味しいものを目の前にした時に自己制御に失敗する可能性が高いことがわかりました。さらに、Go/No-Go課題における外側の前頭前野の活動が高い参加者ほど、上手に誘惑に抵抗できる可能性が高いこともわかりました。

これらの結果は、マシュマロテストの参加者をｆＭＲＩで撮像した実験と合わせて考えると、非常に印象的です。マシュマロテストの研究では、幼少期の自己制御の能力の違いが、数十年後の成人になっても、脳活動の違いとして反映されていたわけですが、今回の研究は逆に、脳活動の違いがその後の自己制御の成功・失敗を反映する、というわけです。時間的な前後関係が、両者の研究では逆になっていますが、どちらも自制心と欲求のはたらきの対立を示しており、それらに対応する脳のシステムの存在を示しています。

気をそらすことの重要性

前頭前野の発達は他の脳領域の発達よりも遅く、時間がかかるとも言われています［12］。そう考えれば、幼い子供たちにとって目の前のマシュマロを食べるのを我慢することは、とても難しいことが想像できるでしょう。幼少期の前頭前野が未熟な状態では、理性の力を発揮することが困難であり、結果として欲求充足の先延ばしが困難になっていると考えられます。しかし、それでもある一定数の子供たちは、二個目のマシュマロをもらうために、今すぐ食べるのを我慢することができます。

こうした子供たちがうまく我慢できるのはなぜでしょうか？　欲求の充足の先延ばしを可能にする重要な方法として、ミシェルは気をそらすこと、そして抽象化をあげています。誘惑を感じさせる対象そのものに注意を向けるのではなく、気をそらすことはわたしたちが考えている以上に大きな効果があるのです。

ミシェルらは、子供にとっての報酬となるお菓子が目の前に見えている状況と見えていない状況を、マシュマロテストで比較しました［19］。この実験の結果は明らかで、子供たちは目の前にお菓子が見える状況では、我慢することが困難になりました。その一方、見えていない状況では、一〇分以上待つことができることがわかりました。目の前に見えているか、そうでないか、たったそれだけのことで、子供たちが自制心を働かせることに大きな影響を与えたのです。

この結果は当然のように聞こえるかもしれませんが、欲求をうまくコントロールする方法を身につける上では、きわめて重要な研究成果です。目の前に報酬があると我慢が効かなくなるのなら、気をそらすことで欲求の充足の先延ばしが可能になるかもしれません。実際、マシュマロから目をそらしたり、注意をそらそうとしたりする子供は、長時間待てる場合が多いことは、以前にも紹介した通りです。

ミシェルらは気をそらす具体的な方法として、子供たちが待っている間に何か「楽しいこと」、たとえば歌を歌ったりおもちゃで遊ぶことを想像することによって、待てる時間が長くなったことを報告しています［20］。子供たちの想像力はとても豊かなので、様々な楽しいことを思いつきます。結果として、お菓子が目の前に見えるような状況であっても、子供たちは一〇分以上待つことができるようになりました。逆に、待っている間にお菓子のことを考えるように言われた子供は、ベルを鳴らすまでの時間が極端に短くなってしまいました。このように、意図的にお菓子に注意を向けるかどうかによって、我慢が難しくなるか、容易になるかに劇的な影響を与えるのです。

抽象化についても、ミシェルらの興味深い研究成果を紹介したいと思います［21］。彼らはマシュマロテストを行う際に、子供たちにお菓子そのものを見せる条件だけでなく、本物と見まごうばかりの高精細の写真で再現されたお菓子を使った条件も用いて、実験を行いました。今回は先ほどの実験とは違って、目の前に見えてはいますが、本物ではなく画像があるというわけです。たったこれだけの違いでも、子供たちの待てる時間には大きな影響を与えることがわかりました。お菓子の画像が呈示された時の方が、本物のお菓子を目の前にしている時に比べ、より長い時間待てるようになったのです。

ミシェルらはさらに、次のような実験も行いました［22］。本物のお菓子を目の前にすることになる子供には、そのお菓子がただの写真であると考えるように仕向けるのです。「頭の中で額縁にいれてごらん」と。一方、画像を見ることになる子供には、本物であるように想像してもらうのです。「本物がそこにあると思ってごらん」と子供たちに伝えます。

このちょっとした指示が与える効果は驚くべきものでした。お菓子が目の前にある時には待つのが難しかった子供たちが、頭の中でそのお菓子を額縁に入れることで、なんと一八分も待てるようになりました。一方、画像を目の前にした子供たちが平均して待てた時間は一八分だったのですが、本物が目の前にあると想像すると、待てる時間は半分以下になってしまいました。本物のお菓子を画像として抽象的に考えることで、欲求の充足が先延ばしできるようになり、逆に画像を本物であるかのように具体的に考えることで、先延ばしが難しくなったわけです。

これらの一連の実験からは、わたしたちが日常生活で効果的に自制心を働かせる上できわめて重要なヒントが提供されていると言えるでしょう。というのも、まったく同じ状況であっても、意図的に対象から注意をそらしたり、あるいは対象を抽象的にとらえたりすることで、抗いがたい誘惑に抵抗することが可能になるのです。自制心そのものというよりは、柔軟性を持つことが重要であると結論付けられるかもしれません。

読者の中には、「正面から誘惑に向き合って、それに抵抗できてこその自制心だ」と考える方もおられるかもしれません。気をそらしたりすることは、まるで逃げているかのように感じられるかもしれません。でも、それは杞憂にすぎません。上手に気をそらすことができた子供がより長い時間を待つことができ、幼少期のマシュマロテストの成績は、将来の社会的な成功を予測できるのですから。自分が誘惑を感じてしまう対象から、意図的に距離をおくことは、適応的な戦略の一つなのです。帰宅途中に、つい家の近くのコンビニでお菓子を買うのをやめられない人は、思いきって道を変えてコンビニの前を通らないのが最善の策、ということです。

自制心を学ぶ

先に紹介した研究から、自制心を効果的に働かせる方法がたしかにあることがわかりました。ではそういった方法を学習して、さらにトレーニングを重ねることで、誘惑に抵抗できる克己心を養うことは可能なのでしょうか？　多くの読者の方は、可能であってほしいと思っているはずです。なぜなら幼少期の時点での自制心を、その後の人生で変えることができないなら、わたしたちの人生の成功・失敗は、まったくコントロールできない困難なものになってしまいます。

ご安心ください。ミシェルらの一連の研究によれば、その答えは「イエス」です。彼らは、誘惑に直面した場合に、それを回避するための戦略をあらかじめ準備しておくことで、効果的に自制心を発揮できるようになることを証明しました。もし○○したら、××するようにする、というように、自分の行動方針を決めておくのです。帰宅途中にお菓子屋さんが目に入っても、もっとヘルシーな果物が家にあることを思い出して、足早に家に帰るようにする、とあらかじめ決めておくのです。ポイントは、誘惑とそれに対する抵抗手段との間に、自動的な結びつきを作ることです。○○したら、すぐに××する、というように行為が自動的に発現するようにするのです。

たとえば、ミシェルらが行ったある実験では、子供たちに退屈な課題（たくさんのペグをペグボードに差し込むなど）をやってもらいました。この実験では、子供たちが作業をしている間に、そばにあるおもちゃの木箱がスピーカーを通じて子供たちに話しかけてきます。「一緒に遊ぼうよ！」と言われることは、子供たちにとっては強い誘惑です。退屈な作業をするより、おもちゃの木箱と一緒に遊びたいのです。この誘惑に対して、事前に準備された対抗策は非常にシンプルなものです。おもちゃの木箱が話しかけてきても、相手にせずに見ないようにする、ということです。あらかじめこの作戦を準備していた子供たちは、準備していなかった子供たちに比べ、気をそらされる時間は短く、より多くの作業をこなすことができました [23,24]。

こうした方略は、練習を続けることによって、自動的に発現させることができるようになります。つまり、つらい思いをして誘惑に抗っていたのが、練習によって楽になるわけです。その後の研究でも、誘惑に抵抗する行為を事前に計画しておくことが、様々な状況で効果的であることが確認されています [25－28]。最近の研究では、衝動的な行動の多いＡＤＨＤ（注意欠陥・多動性障害）の子供であっても、こうした方略が有効であることが示されています [29]。

こうした知見は、単に理性で欲求をコントロールするというわけではなく、理性の力をもう一段上の視点から俯瞰的にコントロールして使っている、と言えるかもしれません。いずれにせよ、こうした方略が有効なことを知ることで、わたしたちの今後の生活にも活かすことができます。

「どうにでもなれ効果」の落とし穴

こうして見てみると、うまく自制心をコントロールする方法はたしかにあると言って良さそうです。さらに、年齢を重ねるにつれて欲求の充足の先延ばしが上手になることを考えれば、大人になったら自分の欲求を制御するのは意外と簡単なのかも、とも思えますが、現実はそんなに甘くありません。大人になっても、自分の行動をコントロールするのが難しい場面は、少なくありません。そういった事態がなぜ起こるのかを説明してくれる現象の一つが「どうにでもなれ効果」です。

みなさんの中には、ダイエットを経験したことがある方もいるでしょう。健康のため、恋愛のため、人によって理由は違いますが、今より痩せたいという気持ちは、ダイエットをする人にとって共通です。自分の目標を達成するために、これまでの食生活を改めて、毎日カロリーを気にしながら食事をするのは、そう簡単なことではありません。

こんな状況を考えてみてください。ある日、ダイエットを継続中のあなたは、友人宅に招かれてランチをすることになりました。お客さんであるあなたには、お腹が一杯になるくらいの美味しい料理が振る舞われます。ダイエット中なんだけどな……と気にしつつも、せっかく料理を作ってくれた友人の気持ちも考えて、あなたは残さずに食事を食べることにしました。でも、食事はそこで終わりません。あなたが好きなクリームたっぷりのケーキが、デザートに用意されていたのです。「これを食べたら、今日は完全にカロリーオーバーで台無しだ……」とあなたは思いましたが、遠慮するのも友人に気がひけたので、結局あなたはケーキをほおばってしまいました。「いくら友人宅に招かれたからといって、美味しそうなケーキが用意されていたからといって、あんなに食べちゃうなんて……あー！」と思ってしまうことでしょう。そのように後悔するのは、これまで本気でダイエットに取り組んできた証拠ともいえます。ところが、このように考えてしまうことには、大きな罠《わな》がひそんでいるのです。

ランチも終わり、友人との楽しいおしゃべりも終わり、あなたは家に帰ることになりました。あたりはすっかり暗くなり、もう夜です。家で夕食の準備をしなければならないあなたは、帰りにスーパーに立ち寄ることにしました。すると、今日はセールの日で、あなたの大好きなとんカツが、いつもより安く売られていました。このとんカツは、あなたがダイエット中は我慢していたもので、いつも横目に見ながら買うのを我慢していたものです。あなたはとんカツを手に取り、買い物かごに入れました。「構うもんか！　だってもう今日はカロリーオーバーしてるから、我慢しても意味ないし。好きなものを食べるんだ！」ついでにビールも買ったあなたは、家路につき、お腹一杯になるまで夕食を楽しみました。

そして翌日、「昨日はなんであんなことになってしまったんだろう……」という強い後悔の気持ちと罪悪感にかられたあなたは「……でも、もういいや！　やっぱり食べたいものを食べないと、幸せじゃないしね。人生一回しかないいんだから」ここで継続していたダイエットが終了したことは、言うまでもありません。

すべての人が、このようになるわけではありません。カロリーを摂りすぎたから、次の食事は控えめにしよう、と自分の行動をコントロールできる人もいます。でも、上記のように、自暴自棄のようになって、せっかくダイエットをしていたのに暴飲暴食してしまう、というケースがあります。

この現象は心理学では対抗制御的摂食行動（counterregulatory eating）と呼ばれており、その後「どうにでもなれ効果」と呼ばれるようになりました［30,31］。このユニークな名称は、英語のwhat the hell!（構うもんか！　もういいや！）という、ダイエットをしていた人のやけくそな心情を表した言葉に由来しています。最初のカロリーオーバーは、長い目で見ればそれほど大きな影響はないわけですが、自分なりに決めたルールにちょっと違反したこと、それをきっかけに雪だるま式にルール違反（カロリーオーバー）が積み重なってしまう、ということが人間には往々にしてあるのです。

一生懸命にダイエットに取り組むのが重要な場合もあるでしょうが、あまりに短期的な目標を設定し、自分にミスを許さないようなやり方は、あまりメリットがなさそうです。このことは、自制心のコントロール方法としてミシェルが提唱している、気をそらすことや抽象化の考え方とも、相通ずる部分があるように思えます。つまり、正面切って真剣に誘惑に抵抗する、あるいは一切のミスを認めない、というのはわたしたちにとっては想像以上に困難なことかもしれないわけです。時には気持ちを切り替えて、時にはおおらかに構えることで、こころのバランスを保って理性を上手に働かせることができるようになるのです。

理性は情動を制御できる

本章ではマシュマロテストを中心に、主に欲求の充足を先延ばしにするメカニズムについて、これまでにわかってきたことを紹介してきました。こうした一連の研究は、幼少期の自制心がその後の人生にも影響を与え続けること、自制心の個人差に対応する脳の領域がたしかに存在することなど、わたしたちの自制心と欲求との関係について、多くの示唆を与えてくれています。

一つ、注意しておかないといけないことがあります。それは、幼少期の自制心がその後の人生の成功に影響していることがわかったからといって、個人レベルで将来がすべて予測できるわけではない、ということです。マシュマロテストで我慢できた子供の中にも、その後の人生でうまく自分をコントロールできなかった子供もいます。逆に、マシュマロテストで我慢できなかったからといって、その子供たちの将来が暗澹《あんたん》たるものというわけではありません。その後の人生で、うまく自制心を発揮できるようになる子供もいるのです。

さて、前章で紹介した通り、カーネマンの考えでは、システム1、すなわち速いこころのはたらきを、システム2、すなわち遅いこころのはたらきで制御するのは困難であるとされていました。一方、ミシェルの意見は、これに真っ向から対立するといっても過言ではありません。ミシェルは生涯を通じて、自制のスキルを磨くことは十分可能であると主張しています。もちろん、いつも百パーセントうまくいくわけではありませんが、学習を通じて、あるいは有効なストラテジーを利用することで、行動をうまく制御することは基本的に十分可能であるとミシェルは考えています。彼の主張は、人間は自発的に変われる、という希望を抱かせてくれるものです。

この両者の対立は、彼らのバックグラウンドを考えると自然なようにも思えます。カーネマンは、「人間は合理的な存在である」という経済学での前提に対して、直感的・情動的な反応の重要性を主張することで、異を唱えました。一方、ミシェルはどのようにしてわたしたち人間が成長の過程で、自制心を養っていくことができるか、という点に焦点を当てていました。つまり、研究の出発点から関心まで、完全に逆の入り口から入っているのです。したがって、両者の意見を同じ土俵で比較するのは、あまりフェアではないかもしれません。

それでも、人間の意思決定のメカニズムの大枠を考えた時に、理性や自制心が情動や欲求を制御できるか否かといった問題に対して、明確に異なる意見が出されながらも解決には至っていないというのが現状なのです。遅いこころが速いこころを制御できると言えるのか、言えないのか、この点は第七章で、もう一度振り返って考えてみたいと思います。

第三章

「お金」と意思決定の罠

――損得勘定と嘘

お金に潜む落とし穴

これまで紹介してきたように、わたしたちの多くの意思決定の場面では、遅いこころと速いこころの両方が重要な役割を果たしています。ところが、いつも両者のバランスがとれているとは限りません。とりわけ、理性や自制心がうまく機能せず、情動や欲求が支配的になってしまう場合があります。こうしたバランスの歪みは誰にでも起こり得ることで、決して珍しいことではありません。

そこで本章では、わたしたちの生活にも密接に関わっている「お金」に焦点を当て、二つのこころのバランスが取れていない意思決定の例をいくつかご紹介したいと思います。お金は様々なモノやサービスとの交換に使われるため、わたしたちの社会生活では言うまでもなく貴重な存在です。命の次にお金、もっと極端な場合は、お金が一番大事、と言い切る人さえいます。大事であるがゆえに、時としてお金は災いを招くこともあります。金銭の貸し借りや遺産相続でトラブルが生じたり、窃盗や横領といった犯罪が起こったりすることも少なくありません。たとえ少額であっても、ヒトはお金を大切にするからこそ、お金にまつわる意思決定はきわめて重要なものとなります。

本章ではまず、お金の価値を計算する基本的な脳とこころのメカニズムを紹介し、特に「時間割引」という現象を例にあげて、お金についての意思決定に果たす速いこころと遅いこころの役割を説明します。そして、「お金はヒトをくるわせる」、という表現の具体例として、お金を得るための賭け事をやめられなくなってしまうギャンブル依存の患者の症状について焦点を当ててみたいと思います。また、依存のような問題行動でなくても、お金をめぐってちょっとズルをしたりごまかしたりという行為も、わたしたちの社会生活では頻繁に起こりえます。こうしたお金にまつわる不正直さについてもとりあげたいと思います。

「自分は堅実だからギャンブルなんてしないし、お金をちょろまかしたりすることもない」と思われる方もいるでしょう。ところが、お金についての意思決定のメカニズムには他にも思いもよらない落とし穴があり、それは特定の人に限った話ではなく、大多数の人に当てはまるものです。

端的に言えば、わたしたち人間は、お金について必ずしも客観的・合理的な意思決定ができるとは限らず、しかもそのことを意識できていない場合があります。お金はヒトをくるわせる、これは正しい側面もあるのですが、そもそも、ヒトはお金に関わる判断が正確ではない、という一面があるのです。本章ではこの点についても、研究成果と具体例を交えながらご説明したいと思います。

お金とドーパミン

ではまず基本的な知識として、お金の価値をわたしたちが脳の中でどのように処理しているかを、簡単にご説明したいと思います。

お金はわたしたち人間にとって、紛れもない「報酬」です。学生はアルバイトのお金が、社会人は給料が手に入れば嬉しく感じるでしょうし、また来月も頑張ろうと思うことができるでしょう。

報酬情報の処理における重要なポイントは、報酬を獲得して生じる嬉しいという反応だけではなく、報酬を期待してわくわくする反応があるという点です。この期待のプロセスがあるからこそ、もう一度頑張ろうという行動が動機づけられるわけです。したがって、意思決定の研究においては、この報酬期待という心理過程は非常に重要な意味を持ちます。

報酬情報の処理には脳の複数の領域が関連しており、これまで多くの動物実験やヒトを対象とした研究がなされてきました。なかでも重要なのが、前章でも取り上げた側坐核です。側坐核と報酬期待との関連性を示した代表的研究としては、「金銭報酬遅延課題」とよばれる実験を用いた研究があります［1,2］。

この課題では画面に非常に短い時間、特定の図形が呈示され、その間にうまくボタンを押すことができれば金銭的な報酬を獲得できます。図形が呈示される直前の時点での脳活動を解析することで、「……ボタンを押せばお金がもらえる、絶対に見逃さないぞ……」という報酬期待に関わる脳活動を特定することができるわけです。こうした実験を行うと、報酬期待の際に側坐核の活動がきわめて重要な役割を果たしていることがわかります。さらに、獲得できる金額を増加させると、それに対応して側坐核の活動もより強くなることがわかっており、この領域の活動が金銭的な価値を反映していると解釈できます［1］。

なお、報酬の期待ではなく、報酬を受け取った結果としての脳活動では、側坐核が活動するという報告もあれば［3］、内側の眼窩前頭皮質ともオーバーラップする腹内側前頭前野が活動するという報告もあります［2］。こうした結果の違いは、用いている実験課題の違いに起因するものと考えられますが、いずれの領域も、ドーパミンとよばれる神経伝達物質と密接に関係しています。ドーパミンには複数の脳領域が関与しており、これらの領域が報酬獲得を目的とする行動を形成していると言えます（図3―1）。

言うまでもなく、こうした報酬価値の計算は二重過程理論で言うところのシステム1、つまり速い

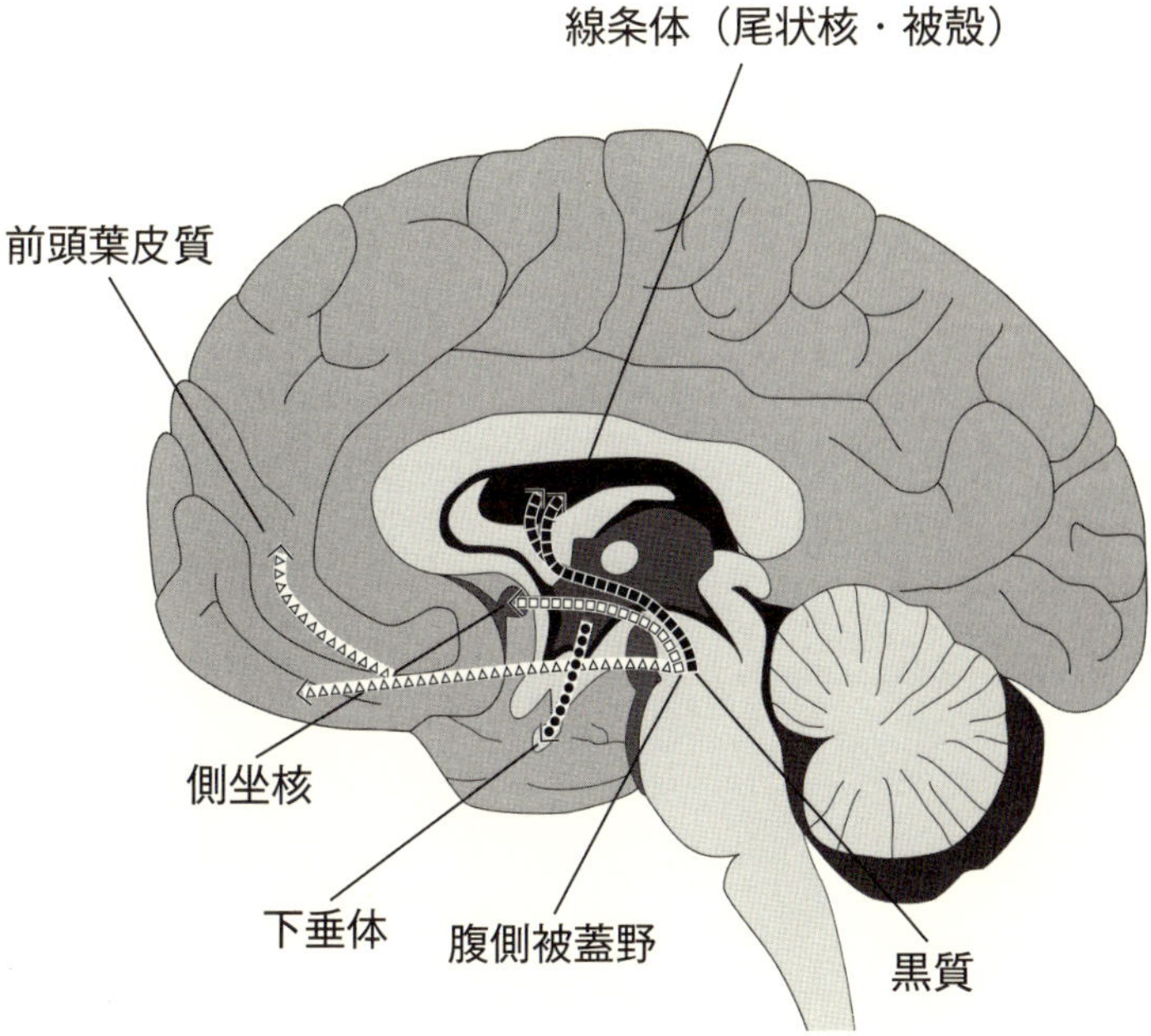

図3－1
ドーパミン神経系　(1) 黒質線条体系（矢印⇦■■■）、(2) 中脳辺縁系（矢印⇦□□）、(3) 中脳皮質系（矢印⇦△△△）、(4) 漏斗下垂体系（矢印⇦●●●）の4つに大別することができる。

こころのはたらきに依存しています。お金がわたしたちの社会生活においてきわめて重要な価値を持つ存在である以上、その獲得を目的として行動が形成されることは不思議なことではありません。できるだけ早く、確実に手に入れたいと思うのも当然です。ただし、お金に限りませんが、わたしたちは欲しいものをすぐに手に入れられるとは限りません。遅いこころをフル稼働させて、自分の行動を制御しなければいけない場面が多々あります。次節では「時間割引」という現象を取り上げることで、お金に対する意思決定における速いこころと遅いこころのはたらきの対立を紹介したいと思います。

時間割引のメカニズム

「時間割引」という言葉に聞き覚えがあるように感じる方もいるかもしれません。スーパーでは夕方になると、特に日持ちがしない生鮮食品では三割引、半額といった値引きが始まります。北海道で生まれ育った筆者は海産物が好きなので、割引になったお刺身につい手が伸びてしまいますが、時間割引とはこうした商品の値引きのことではありません。

時間割引とは何かを理解するために、次のような事例を考えてみましょう。大学生のあなたは親戚のおばさんに頼まれて、土日の二日間に引越しのお手伝いをしました。たくさん重い荷物を運んでもうクタクタですが、小さいときからよく遊んでくれたおばさんの役に立つことも出来て、いい気分です。帰ろうとしたあなたにおばさんが、「あら、やだ。わたしったら。丸二日も手伝ってもらったから、ちょっとだけどお礼を渡そうと思ってたのを忘れていたわ。待っててね」と言いながら財布を取りに戻り、「もう、やだ。わたしったら。あのね、これ九〇〇〇円。一万円って思ってたんだけど、手持ちがないので中途半端になっちゃってごめんなさいね。あ、でも来月にも家に遊びに来ることになってたわよね。その時にちゃんと一万円を渡そうかしら。どちらがいいかしら？」。

ここでは親戚のおばさんの記憶力は考えないことにして、今九〇〇〇円をもらうのと、一ヵ月後に一万円をもらうのと、どちらが良いかだけを比較してみてください。もちろん、この選択に絶対的な正解はありません。一ヵ月待てば、もらえる金額が多いのだから待った方が得、と考える人もいることでしょう。多少目減りしても、早くもらってしまった方が安心、と考える人もいるでしょう。あるいは、金欠で今月はちょっと困っていた、という場合なら、迷わず九〇〇〇円を選択することもあるでしょう。待てば一〇〇〇円増えるにもかかわらず、九〇〇〇円を選択するというのが現実的な意思決定であるケースも、可能性としては十分ありえます。

このことは、わたしたちが将来の報酬の価値を、現在の報酬の価値に比べて低く、つまり割り引いて評価していることを意味します。この割引こそが時間割引です。そしてこの割引率が大きい人ほど、「せっかち」であるというわけです。

認知熟考テストとの相関

この時間割引の現象は、速いこころと遅いこころのはたらきを説明する上で、非常にわかりやすいモデルになります。つまり、せっかちで目の前のお金に飛びつこうとするのは速いこころのはたらきであり、一方で長期的な視点に立って、我慢することでより多くのお金を得ようとするのは遅いこころのはたらき、というわけです。これは前章で紹介したマシュマロテストと、構造上は非常に似ているものと言えます。では、たとえば遅いこころが優位な人では、時間割引率が小さい、すなわちより多くの報酬を得るために待つことを選択できるのでしょうか？ 逆に、速いこころが優位な人では、時間割引率が大きく、今すぐの報酬を選択するのでしょうか？

これまでの研究では、実際にそうした結果が得られています。第一章で紹介した認知熟考テストを用いた研究では、テストの成績が良かった人と悪かった人で、時間割引率の違いを見ています［4］。認知熟考テストの成績が良かった人は、直感をおさえて冷静に考えることのできる人です。こうした人は、たとえば「今月に三四〇〇ドルをもらうのと、来月に三八〇〇ドルをもらうのと、どちらを選ぶか」を聞かれると、六割の人が後者を選択しました。

一方、認知熟考テストの成績が悪かった人では、後者を選択した割合は四割を切っていました。同様に、「今一〇〇ドルをもらうのと、一〇年後に一一〇〇ドルをもらうのと、どちらを選ぶか」をたずねると、テストの成績が良かった人では、半数以上が後者を選んでいましたが、逆にテストの成績が悪かった人では、半数以上が前者を選んでいました。

これらの結果は、直感派か熟考派かによって、時間割引率が異なっていることを明確に示したものと言えます。速いこころの直感的な判断に対して、遅いこころによる冷静な思考をうまく働かせることで、せっかちで衝動的な行動を制御することができるのです。

外側前頭前野VS.側坐核・眼窩前頭皮質

脳の研究からも、時間割引に関わる速いこころと遅いこころの関与が明らかになっています。マクルーアらが報告したfMRIを用いた研究では、実験参加者は即座に報酬が発生しうる条件（今すぐに二〇ドルを受け取るか、それとも二週間後に二五ドルを受け取るか）と、将来にのみ報酬が発生する条件（二週間後に二〇ドルを受け取るか、それとも一ヵ月後に二五ドルを受け取るか）のそれぞれで、どちらを選択するかを判断しました［5］。

その結果、どちらの条件においても、外側の前頭前野を含む合理的・論理的思考に関わる領域の活動が増加していましたが、特に即時的な報酬を期待できる条件では、側坐核や眼窩前頭皮質といった報酬処理に関わる領域の活動が増加することも明らかになりました。さらに、即時的な報酬を選択する時には後者の領域の活動が増加しており、先延ばしになるもののより高い金額の報酬を選択する時には前者の領域の活動が増加していました。

つまり、より短期的な報酬を求める場合には、速いこころのはたらきを担っていると考えられる報酬の処理に関連する脳領域（報酬系とよばれます）が、より長期的な報酬を求める場合には、遅いこころのはたらきを担っていると考えられる外側前頭前野が重要な役割を果たしているようです。

わたしたちの生活におけるお金に関わる意思決定の中で、こうした二種類のこころのはたらきとそれを担う脳のシステムが重要であることは言うまでもありません。基本的にはせっかちな衝動をおさえてより大きな金額の報酬を待てる方が、日常生活ではよりプラスに働きます。時間割引の例に限らず、こうした自身の行動のコントロールができるか否かは、お金と上手に付き合っていく上では必須となります。

とはいえ、現実の意思決定場面においては、様々なリスクを考慮し、あるいは自身の置かれている状況に応じて、待たないことがより適切な選択となる場合もあるでしょう。速いこころと遅いこころのどちらか一方に依存することなく、両者のバランスをとることが重要と言えるでしょう。

賭け事がやめられない——ギャンブル依存

わたしたちが日常生活で物品を購入する、娯楽にお金を使う、あるいは貯金や投資をする、といったお金に関わる意思決定を行う際には、ここまで紹介してきたメカニズムがうまくバランスを保ちながら、わたしたちにとって適切な判断ができるよう道を作ってくれます。ただし、そうした金銭的な意思決定のバランスが崩壊してしまうケースがあります。その代表的な例がギャンブル依存です。

依存には様々な種類があります。日常生活に支障をきたしているにもかかわらず、薬物やアルコール、タバコのニコチン、買い物やインターネット、あるいは恋愛を含めた人間関係などにのめり込み、自分の力だけではやめることができず、制御できない状態が依存症です。最も社会的に認識されている依存症は、やはりお酒やタバコをやめられないといった「物質依存」ですが、特定の人との関係に依存してしまう「対人依存」や、買い物、インターネット、あるいはこれから紹介するギャンブルなど、特定の行為に執着する「プロセス依存」も最近注目が集まっています。

ギャンブル依存は「病的賭博」という名前で、精神科の病名になっており、明らかに治療が必要な状態です。米国精神医学会の精神疾患の診断分類の最新版DSM—5（精神障害の診断と統計マニュアル5版 Diagnostic and Statistical Manual of Mental Disorders）でも、ギャンブル依存と物質依存が同じ章で取り上げられています。

筆者は学生時代に仙台にある雀荘でアルバイトをしていた経験があるので、ギャンブルに興味を持つ人の気持ちはよくわかっているつもりですが、ギャンブル依存はただの遊び好きというわけではありません。あまりにギャンブルにのめり込むことで、生活費に手をつけてしまったり、多額の借金を背負ったり、あるいは窃盗や横領を繰り返し、本人のみならず、家族や周囲の人間にも深刻な影響を与えます。給料が手に入ったらまっすぐパチンコ屋へ、生活保護のお金が支給されたらそのまま競馬場へ、というのがギャンブル依存の典型的な行動パターンです。極端な例では、今から約一〇年前に起こった事件ですが、男子大学生が母親を撲殺し、金を奪い、そのままパチンコ店に直行したという事件もあります。

もちろん、自分がギャンブルにのめりこんでおり、やめなければいけない、ということを十分に認識しているギャンブル依存の患者もいます。道徳性や社会規範といった概念がすべて欠落している、というわけではないのですが、そこに体がついていきません。

要するに、ギャンブル依存では意志の力による行動の制御ができません。制御どころか、ギャンブルをするかしないかの意思決定において、意志の力は存在しないと言っても過言ではありません。行動を切り替えることができないという意味では、柔軟性が著しく欠如している状態とも言えます。ギャンブルへの誘惑を引き起こす速いこころに対して、遅いこころが対抗するすべを失っているわけです。

ギャンブル依存の脳

では、こうしたギャンブル依存の患者の脳の中では何が起きているのでしょうか？　ギャンブル依存の特徴と、前章までで紹介してきた二重過程理論を踏まえれば、やはり遅いこころのはたらきを支える前頭前野に、何らかの問題があるのではと仮説を立てることができそうです。実際、ストップ・シグナル（stop signal）課題とよばれる反応の抑制を評価する課題を用いた研究で、この仮説が立証されています［6］。

この課題では画面に飛行機の画像が呈示され、実験参加者は左を向いている飛行機には左のボタンを、右を向いている飛行機には右のボタンを押します。ただし、たまに飛行機の上に十字が表示されている場合があり、その際はボタンを押さないよう指示されます。うっかりボタンを押さないようにする、という意味で反応抑制を調べる課題とされています。

ギャンブル依存の患者では健常対照群に比べ、飛行機の上に十字が表示されている時に、うまく押さずに済んだ時も間違って押してしまった時も、内側の前頭前野、特に背側の領域での活動が低下していることがわかりました。外側の前頭前野ではないという点で、解釈には慎重さが求められますが、少なくとも行動をコントロールしないといけない状況、つまり遅いこころを必要とする状況において、ギャンブル依存の患者では前頭前野の一部が十分に働いていないようです。

では、速いこころのはたらきについてはどうでしょうか？　一つの可能性として、報酬処理に関わる脳領域が過剰に活動することで、相対的に速いこころが優位になっていると考えられそうです。実際、金銭的な報酬の期待に関わる側坐核の活動が、ギャンブル依存の患者では亢進《こうしん》しているという報告があります［7］。ただし、これだけで結論を出すことはできません。というのも、ギャンブル依存の患者では健常被験者と比較して、金銭的な報酬に対する側坐核の活動が低下しているという、まったく逆の研究成果も報告されているためです［8］。日本で行われた研究でも、金銭報酬ではなくゲームでよく登場するような「ポイント」を使った研究で、同様に側坐核の活動低下が報告されています［9］。

こうした研究結果の矛盾を説明する一つの可能性としては、ギャンブル依存における異なる種類の報酬に対する感受性の変化が挙げられます［10］。最近のフランスの研究グループによる論文によれば、ギャンブル依存の男性の患者では金銭的な報酬の期待には側坐核が活動するものの、女性の性的な画像を期待する場合には、側坐核があまり反応していないことが報告されています。健常被験者では、金銭であっても女性の画像であっても、どちらも側坐核の反応が認められています。つまり、依存対象となる報酬である金銭に対しては、報酬系の活動は維持されるものの、依存対象とは異なる種類の報酬に対しては、報酬系の活動が鈍る、という解釈が可能です。ギャンブル依存の患者は、速いこころのはたらきに何らかの変調を来していると考えて良さそうです。

こうした知見は、ギャンブル依存では速いこころと遅いこころのはたらきのバランスが崩れていることを、脳の活動パターンから明らかにしたものと言えます。速いこころのはたらきが変容し、遅いこころによる制御もうまく効かず、結果としてギャンブルをやめられない、という図式が浮かび上がります。ただし、ギャンブル依存の研究の歴史はそれほど長くはなく、本書で紹介した研究成果もさらなる積み重ねが必要な段階です。今後の研究の発展が期待される分野の一つです。

ないかもしれないという意識が、その数を多くしているのでしょう。

魔がさす時――お金を得るためのズル

本章の冒頭でも述べましたが、お金はわたしたちの社会生活上、きわめて重要です。個人にとっては生きるためにお金を所有し使用することが重要ですし、現代の社会制度上も、様々な物品やサービスと交換可能なお金が存在することが必須といえます。しかし、その重要性、そして価値の高さゆえに、お金はしばしば奪い合う対象になり、犯罪を誘発するケースがあります。窃盗や万引きも、必ずしもお金そのものが対象ではない場合もありますが、その背景にはお金の問題があることが少なくありません。

先日、インターネット上のニュースで、次のような記事を目にしました。あるコンビニで女性が携帯電話の利用料金を支払ったそうです。料金は約一〇万二〇〇〇円。女性は一〇万五〇〇〇円を支払ったそうですが、店員はレジに打ち込むときに一五万円と打ち込んでしまったとのこと。本来は、おつりは三〇〇〇円程度なわけですが、あろうことか店員は約四万八〇〇〇円のおつりを女性に渡してしまいました。その女性はそのお金をそのまま持ち去ったのですが、その後の調べで女性が容疑者として浮上し、逮捕されたという顚末です。女性は「気がつかなかった」と容疑を否認していたとのことです。

色々とおかしな点が満載の事件ですが、金額こそ非常に高いものの、こうした事態に類似した場面に遭遇することはそれほど珍しいことではありません。わたしたちの日々の生活では、ごまかしやズルをすることで、ちょっと金銭的に得をできる場面というのがよくあります。やっても絶対にばれない、と断言できるような状況もあるでしょう。あるいは、ばれても大した罪に問われない、という状況もあるでしょう。では、どのようなメカニズムでもって、わたしたちはこうした行為に手を染めてしまう、あるいは手を出さずにすむのでしょうか。

ズルの研究

お金を得るためにちょっとしたズルをしてしまうメカニズムの研究は、最近精力的に行われています。特に、行動経済学研究の第一人者ともいえる、ダン・アリエリーらによる一連の研究が非常に有名です［11,12］。

ズルのメカニズムを客観的に測定することがそもそも難しい話なのですが、アリエリーは非常に巧みなパラダイム（枠組み）を用いることで、この問題に果敢に取り組んでいます。アリエリーらの研究における実験では、実験参加者はまず部屋に案内され、机のついた椅子に座ります。実験参加者には一枚の紙が配られ、紙には数字の行列が二〇種類並んでいます（図3―2）。

参加者の課題は、それぞれの行列の中から、合計がちょうど一〇になる二つの数字を見つけることです。できるだけ多くの二つの数字を、五分の制限時間の中で見つけます。正答一問につき五〇セントのように、実験によって金額は若干異なりますが、正答数に応じて得られる報酬が異なります。実際に数字をご覧頂くとわかると思いますが、すごく難しい、というわけではありません。でも、あっという間に解けるほど簡単な課題でもありません。

このようにして、実験参加者は算数の問題を解くわけですが、終了後にはズルができる条件と、ズルができない条件が設けられました。ズルができない条件に割り当てられた実験参加者は、終了後に

2.83	6.01	5.93
2.55	5.77	6.55
8.08	4.91	3.99
7.16	8.53	0.33

4.21	5.35	5.75
4.90	5.10	0.50
1.33	9.70	0.86
1.98	2.98	4.59

9.54	1.96	1.98
0.33	3.52	6.36
8.04	8.18	1.78
2.11	6.56	9.17

8.33	9.11	7.55
4.92	5.30	7.72
3.91	2.28	5.55
1.59	5.85	6.17

2.50	8.43	3.92
6.08	0.30	8.33
5.15	2.42	3.46
4.94	2.95	1.69

2.33	7.67	2.21
1.90	3.39	0.23
7.17	5.34	4.49
4.81	5.33	6.79

1.77	3.13	1.22
5.55	4.45	2.96
0.11	1.65	9.25
6.30	8.39	7.24

4.99	1.82	8.75
6.36	7.90	2.63
8.18	1.09	3.34
3.63	5.85	5.37

0.57	3.64	8.16
1.94	0.10	6.36
5.22	3.57	4.64
2.67	5.26	5.73

6.33	2.12	5.14
4.11	9.10	4.86
8.26	4.13	1.14
6.73	7.17	3.33

0.42	2.02	1.19
7.57	5.35	2.21
4.90	8.82	7.79
8.68	6.79	3.43

5.30	6.33	5.77
3.67	4.00	6.49
1.91	1.71	3.86
5.15	5.19	9.01

1.25	1.21	6.11
7.33	5.81	4.19
0.36	5.01	4.50
4.67	9.26	0.17

8.88	3.35	6.99
2.12	0.22	0.33
9.86	3.74	1.12
1.10	5.54	7.83

0.53	2.01	3.59
6.29	4.77	5.21
3.20	3.39	7.99
7.44	8.19	7.12

4.45	6.82	8.10
0.10	3.90	3.64
1.13	3.18	9.22
8.13	4.53	9.11

3.84	0.11	1.90
1.79	5.33	9.21
4.67	3.10	6.57
5.61	2.74	7.85

4.67	1.25	4.22
7.12	9.00	5.78
0.83	5.07	7.29
0.95	5.06	2.30

2.59	1.23	5.80
3.79	0.70	6.21
4.46	3.30	3.63
6.92	5.26	8.89

2.51	1.88	9.21
6.30	8.12	3.17
2.10	3.93	1.05
0.62	4.85	3.90

図3－2
数字あわせ課題の一例　それぞれの行列の中から、足して10になる2つの数を見つける課題。正答数の〝自己申告〟に基づいて報酬が支払われる場合、ズルをして正答数を水増しすることも可能となる。

作業用紙をもって実験者のもとへ行きます。実験者は正答数を確認し、その成績に応じた報酬を実験参加者に渡します。一方、ズルができる条件に割り当てられた実験参加者は、実験者による直接の確認を受けません。実験者からは次のように指示されました。「正解した数を自分で数えてください。作業用紙はシュレッダーにかけておいてください。最後に、正答数をわたしに報告してください」。つまり、この条件の実験参加者はより多くの報酬を獲得するために、正答数を水増しすることが可能なわけです。

こうした実験パラダイムを用いると、ズルができる条件では実際に実験参加者が、正答数を水増しすることが確認されました。ただし、それは数問程度であり、あからさまな不正をしている、というわけではありませんでした。また、少数の実験参加者がたくさんズルをするというよりは、多くの実験参加者が少しだけズルをする、ということも明らかになったのです。ズルをしてしまうのは、決して一部の人にのみ当てはまることではなく、わたしたち誰しもが手を染めてしまう可能性がある、ということを実験で明確に示した成果と言えるでしょう。

ズルと疲労

では、こうしたズルをするこころのメカニズムに踏み込んでいきたいと思います。

例のように、これまでに登場してきた速いこころと遅いこころの二つで考えてみましょう。基本的な考え方はとてもシンプルです。つまり、「お金が欲しい！」という速いこころのはたらきと、「こんな悪いことしちゃだめ！」という遅いこころのはたらきの両者を想定するわけです。こうした考え方が、お金にまつわるズルの意思決定でも通用するでしょうか？　もちろん、こうした複雑な意思決定には多様な要因が絡んでおり、過度に単純化するわけにはいきませんが、現在までの研究では、概ねこの考え方を支持する結果が得られています。

まずは「疲れているとズルをしてしまう」というミードらの研究を紹介したいと思います[13]。この研究を説明する前に、前章で紹介したシヴとフェドリキンの実験を思い出してみてください[14]。七桁の数字を暗記する、という認知的な負荷がかかることで、理性を働かせるためのリソースが消費され、その結果としてチョコレートケーキの誘惑に耐えられなくなる、という実験でした。遅いこころが別の仕事にとりかかって疲れてしまうと、速いこころが優位になってしまう、ということが示されているわけです。ミードらの研究では、こうした図式がお金についてのズルをする場合でも当てはまるかを検証したのです。

ミードらの実験はいくつかのプロセスに分かれているのですが、実験参加者は最初に二つのグループに分けられました。一方のグループには、前日の出来事について「x」と「z」を含まない単語だけで文章を書く、という課題が課されました。動物園に行ったとしても、zooという単語を使ってはいけない、というわけです。わたしたち日本人には直感的にはわかりにくいのですが、実は「x」と「z」を含まない単語で文章を書くのは、英語のネイティブスピーカーにとっては、それほど大変なことではありません。つまり、このグループの実験参加者は、それほど消耗しない条件の参加者、というわけです。

もう一方のグループの実験参加者も、同じように前日の出来事についての文章を書いたのですが、

「a」と「n」を含まない単語だけで書くように指示されました。「a」と「n」を使わないで文章を書くには、かなり難儀します。きつい制約が課せられた中で、何度も試行錯誤を繰り返しながら文章を編み出すのはかなりの労力が必要であり、実験参加者は当然ながら消耗します。

こうして文章を書く課題を終えた後、実験参加者は先ほど紹介したズルの程度を測定する、数字合わせの課題に参加しました。果たして、「a」と「n」を含まない単語だけで文章を書くという難題に取り組んだ実験参加者は、よりズルをするという結果になったでしょうか。結果はまさにその通りになりました。「x」と「z」を含まない単語だけで文章を書いたグループよりも、正答数が多く報告されていたのです。

なお、この研究の別の実験では、第一章でも紹介したストループ課題を使って実験参加者を消耗させた場合でも、やはりズルが増えることが確かめられています。意志の力を支えている遅いこころのはたらきがすり減ってしまい、欲求を担う速いこころに対する制御が効かず、正直な振る舞いが難しくなったと解釈できるわけです。

午後に嘘つきになる

疲れているとズルをしてしまう、という研究結果とも密接に関係するものとして、午後の方が嘘をつきやすくなる、というにわかには信じがたいような研究も報告されています［15］。

この研究では実験参加者に、正方形の画面が一秒間呈示されます。正方形には斜めの線が引かれており、両側には点がバラバラと配置されています。実験参加者は、左側と右側のどちらが点が多いか

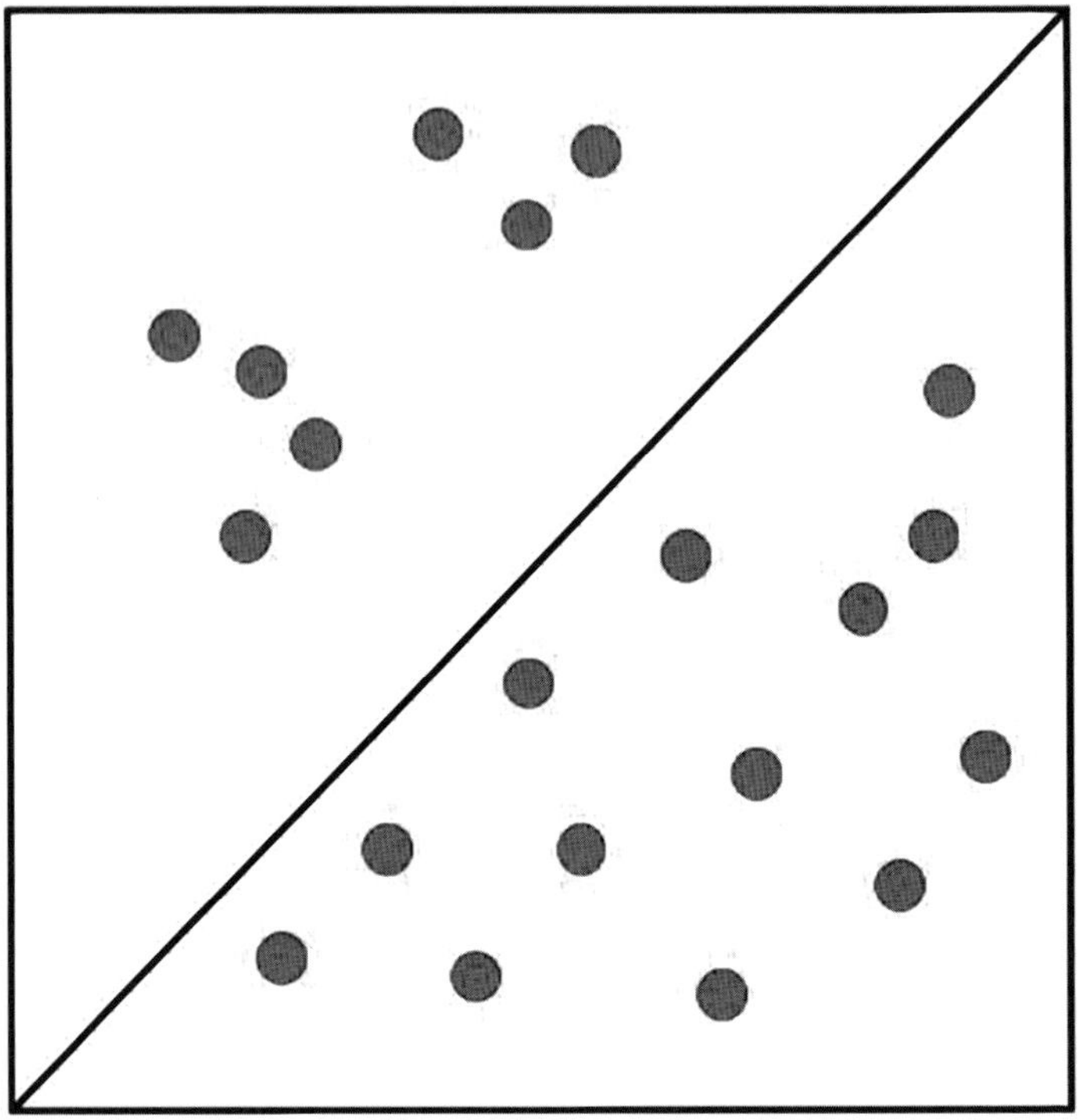

図3－3
午後になると嘘をつきやすくなることを示した実験で用いられた正方形の図の一例［15］　実験参加者にはこうした図が1秒間呈示され、点が左右のどちら側に多いかを回答させるが、点の実際の多さにかかわらず、左と回答すれば5セントを、右と回答すれば0.5セントが支払われる。したがって、単により多くのお金を求めるならば、右が正答と感じた場合でも嘘をついて左と回答する戦略が有効となる。

を判断し、手元のボタンを押します。

たとえば本書で示した図3—3では、右側の点が左側より多いのがわかると思いますが、一秒間で判断するには若干の難しさを感じる方もいるでしょう。この実験における重要なポイントは、実験参加者にとって葛藤を感じる状況が設定されていることです。実際の点の多さにかかわらず、右のボタンを押すと〇・五セント、左のボタンを押すと五セントがもらえる、という実験になっていたのです。つまり、正しく回答することと、自分がもらえるお金を最大化することが、必ずしも一致しないというわけです。お金に目がくらめば、右側に点が多いように見えたとしても、左と回答してしまうことでしょう。

一連の実験で、午後の実験に参加した実験参加者は、午前に参加した実験参加者に比べ、左側に点が多いと報告する割合が高い、つまり嘘をつきやすいことが明らかになりました。わたしたちは日常生活を送っているなかでも、少なからず心身ともに消耗しているわけですが、この消耗によって午前よりも午後の方が遅いこころのはたらきが弱くなってしまい、結果としてズルをしたくなるのを我慢しにくくなる、と解釈されています。

ズルと時間制限

遅いこころのはたらきに制約が加わると、ズルが増えてしまうことを示したもう一つの実験も紹介したいと思います［16］。

この実験ではサイコロを振り、出た目に応じて金銭的な報酬を獲得できる課題が使われているのですが、その手続きが工夫されています。サイコロはカップの下に隠れており、実験参加者はカップを振ることでサイコロを間接的に振ります。そのカップの上には小さな穴が開いており、参加者はどの目が出たかを、その穴から確認します。つまり、他の実験参加者には見られずにサイコロの出た目を報告できるため、ズルをして大きい目が出たと報告することもできるわけです。

そしてこの実験の最も重要なポイントは、サイコロの目を報告する時間を、実験的に操作している点です。ある条件に割り当てられた実験参加者には、一定時間内に出た目を報告してくださいと教示し、別の条件に割り当てられた実験参加者には、そのような時間制限を設けませんでした。

遅いこころのはたらきは、じっくりと熟慮することに依存しているわけですから、意思決定の際に時間制限があると、十分には機能できなくなることが予想されます。つまり、時間制限がある条件は、時間制限がない条件よりも、相対的に速いこころのはたらきが優位になると想定できるわけです。その結果として、「お金が欲しい！」とする速いこころのはたらきをもとに、ズルをしやすくなる、ということがあるのでしょうか？　得られた結果は、その可能性をはっきりと支持するものとなりました。

まず、どちらの条件の実験参加者も、多少のズルをしていることが明らかとなりました。サイコロに小細工がなされていなければ、繰り返し振ることで、小さい目ばかりが出たり、大きい目ばかりが出たり、ということはありえません。平均値でいえば、必ず三・五付近に収束するはずです。しかし、得られた結果は、そのような分布にはなっておらず、全体として一〜三の目よりも四〜六の目が出たとする報告が相次いでいました。さらに、時間制限がある条件とない条件でも、はっきりと違いがあり、時間制限がある条件の方が、より高い目を報告しているということが明らかとなりました。遅いこころのはたらきを十分に機能させる時間がなければ、ズルをしてしまう、というわけです。

ズルを抑制する前頭前野

さて、遅いこころのはたらきによって、欲求を制御してズルをすることを我慢できるなら、その役割の担い手は脳の中では前頭前野であると考えられます。実際、それを裏付ける研究も報告されています。アンダーソンらが報告した研究では、幼少期に前頭前野を損傷した患者の行動について報告されています［17］。前頭前野の損傷によって、盗みや万引きを繰り返したり、頻繁に嘘をついてしまうようになり、それを大人になっても繰り返してしまうことが示されています。

また、最近の研究では、背外側前頭前野の損傷によって、自分の利益を優先するか、正直であるかを優先するかのバランスが崩れることも指摘されており、背外側前頭前野が正直な振る舞いに必須の領域である、という考えも出されています［18］。

大なり小なり、こうした不正ができる状況に直面することは、日常生活ではよくあることです。そのとき、わたしたちはどのように自分の欲求をコントロールするのが良いのか、はっきりとした答えはありません。ただ、アリエリーはこうした金銭的な誘惑に直接抗うよりも、誘惑そのものを避けることが大事であると述べています。前章で紹介したウォルター・ミシェルの考えとも一貫するものです。意志の力で直接立ち向かうよりは、うまく誘惑を回避する方法を模索するほうが、効果的であると考えられるわけです。

なお、私自身はこうしたズルに関わる、正直さと不正直さの背景にある脳のメカニズムの研究を専門にしています。嘘をついたり、正直に振る舞ったりするメカニズムを扱った脳の最新の研究から、速いこころと遅いこころのはたらきについて、現在までに何がわかってきているかについては、第六章で改めて詳しくご説明したいと思います。

利得と損失は非対称的――損失回避性

ズルをするかしないか、という話は、清廉潔白な読者の方にはまったく無関係な話であって、他人事のように聞こえるかもしれません。しかし、ズルをしないような人にもたいていの場合であてはまる、お金にまつわる意思決定に関する落とし穴が存在します。それは利得と損失に対する価値判断の違い、という表現でまとめることができます。このことをお示しするわかりやすい例として、いわゆる「投資」を取り上げてみたいと思います。

最近では「アベノミクス」という言葉が、新聞やテレビのニュースなどでよく取り上げられます。安倍晋三首相による経済政策を指す用語ですが、このアベノミクスのおかげで、いわゆる株価が上昇基調にのったとされています。そしてこの流れに乗っかって株式投資をはじめよう、という論調も多くあります。ある特定の企業の株式を購入したとして、株価が上昇基調にある今なら、その株式の価値は上がることはあっても、下がることはないだろう、というのが基本的な考え方なわけです（ただし、本書がみなさんのお手元にある頃には、状況は変わっているかもしれません）。

本書は資産運用のハウツー本ではないので、株式投資に手を出すべきかどうかには触れません。ただし、この株式投資というのは、人間のこころのメカニズムの構造上、利益を上げるのがきわめて難しいものである、ということを今からご説明したいと思います。難しい理由とは何なのか、ここまで本書を読み進めてこられた読者の方には想像がつくかもしれません。そう、この手の意思決定では、速いこころが優位になってしまい、遅いこころによる制御が非常に困難になるのです。

では、次のような具体例を考えてみましょう。五〇万円を使って、あなたはある企業の株式を購入しました。まだ小さな企業ですが、非常に将来性のある企業と評判です。幸い、株式を購入してから、株価は順調に上昇を続け、半年後には六〇万円の価値となりました。今、この株式を売って手放せば一〇万円の利益が上がります。もちろん、手放さずに持ち続けていれば、さらに半年後には七〇万円になっているかもしれません。あるいは、もしこの株価の上昇が既にピークを打っていたり、今後この企業にマイナスとなる材料が出てきた場合には、半年後には元の購入金額である五〇万に戻ってしまうかもしれません。あるいは最悪の場合、四五万、四〇万、といったように元の価値を割ってしまう可能性もあります。

さて、あなたは六〇万となった時点で、これを売って手放したいと考えるでしょうか？　それとも、もう少し持っていようと考えるでしょうか？

授業で学生にこんな質問をしてみると、売ってしまいたいと考える学生が比較的多くいます。もちろん、学生ですから、あまりなじみのない話題ではあります。同じ質問を社会人の方に訊いてみても、やはり売ってしまいたいと答える人は少なくありません。売らずに持っていると判断する人でも、「売って利益を確定させたい」という思いは少なからずあるはずです。

では、別のストーリーを考えてみましょう。あなたは先ほどのケース同様、ある企業の株式を五〇万円分、購入しました。これから株価は上昇を続けるはず、と見込んでいたのですが、世界的に経済状態が不安定となり、株価は下降の一途をたどりました。半年後には、五〇万円で購入した株式が、四〇万円の価値になってしまったのです。この時点で売って株式を手放せば、一〇万円の損失になります。ここで手放さずに持ち続けていれば、さらに株価は下降を続け、三〇万円になってしまう可能性もあります。もちろん、これから経済状態が上向けば、半年後には元の購入価値である五〇万円分の価値に戻ることも考えられます。利益があがる可能性も、当然残っています。

さて、あなたは四〇万円の時点で、この株式を手放そうとするでしょうか?

学生にこの質問をすると、売らずに持ち続けようと考える学生が少なくありません。社会人の方でも、傾向はあまり変わりません。私自身も、元の価値である五〇万円に戻ってくる可能性に賭けてみたいと思ってしまいます。

このように、利益があがってくるとわたしたちはその利益を確定させようとしがちです。逆に、損失が出てしまうとその損失を確定させないように行動しがちです。しかし、これこそが大きく深い落とし穴なわけです。少しの利益を確定させてしまう一方で、損失は放置するという行動を繰り返していると、株価が大きく下がる局面でも、なかなか手放すことができずに多大な損失を被ることになります。

投資で失敗する多くのケースで、このように「損失を確定させたくない」こころのメカニズムが働いているのです。したがって、半年後に自分の想定外の損失を出した株式は、本来はその時点で思い切って手放さないといけません。損失が拡大する可能性を未然に防がないといけないのです。しかし、これは言うに易し、行うに難し、であって、たいていの人はこのようには行動できません。だからこそ、株式投資にお金をつぎ込んで会社の金を横領してしまった、といったニュースがちょくちょく飛び込んでくるわけです。

くじ引きの例

この、損失を確定させたくない、つまり損失を回避したいとする傾向を考える上で、もう一つ別の例も考えてみたいと思います。やや非現実的な話ではありますが、次の二種類のくじのどちらかを引かないといけない場面では、読者のみなさんはどちらを選択するでしょうか？

①もれなく八万円が当たるくじ
②八〇パーセントの確率で一〇万円が当たるが、残り二〇パーセントの確率で何ももらえないくじ

こうした質問をすると、①と答える人が多数派です。もちろん、八〇パーセントの確率は十分に高いので、②を選択することも、決して間違いではありません。実際、期待値を計算すれば、どちらの選択肢も同じ八万円という金額になります。

では次に、以下のような二種類のくじのどちらかを引かないといけない場面を考えてみてください。

①もれなく八万円の罰金を払うくじ
②八〇パーセントの確率で罰金は一〇万円になるが、残り二〇パーセントの確率で罰金がゼロになるくじ

いかがでしょうか？　この質問では①を選んだ人はそれほど多くはないはずです。こうした場面では、損失がゼロになる方に賭けてしまいがちです。

それぞれ、期待値はプラス八万円とマイナス八万円です。そもそも、人間のお金に対する価値判断が完全に合理的に設計されているならば、どちらの質問でも①、あるいは②を一貫して選択しても不思議ではないはずです。であるにもかかわらず、わたしたちは利益を確定させ、損失を回避しようとする選択をするわけです。こうした傾向は「損失回避性」とよばれています。わたしたちは同額の利益と損失とでは、損失の方を過大評価する傾向があり、損失を回避しようという動機が強く働くのです。特に金額が大きくなると、この損失回避傾向は強まります。損失と利得を直接比較しても、確率で重みがつけられた場合でも、損失を避けようとする動機が、利得を手に入れようとする動機よりも強いわけです。

この損失回避性のメカニズムは、本書の第一章でも紹介したダニエル・カーネマンらによる一連の研究で明らかにされたものです[19]。こうした利得と損失の非対称性については、進化の歴史に由来する可能性が指摘されており、カーネマンは「好機よりも脅威に対してすばやく対応する生命体の

ほうが、生存や再生産の可能性が高まるからだ」（『ファスト&スロー』下巻p. 98）と述べています（なお本書では割愛していますが、カーネマンらによる研究では、損失回避性以外にも様々な興味深い知見が得られています）。

振り返って冷静に考えてみれば、八〇パーセントの確率というのはかなり高いわけですから、一〇万円をもらえる可能性に賭けるのは、十分に適切なストラテジーと言えるでしょう。一方、損失が一〇万円になってしまう八〇パーセントの確率は、やはりかなり高いわけですから、八万円の損失で妥協するのは決して間違った選択ではありません。

わかっているけど止められない

ところが、この損失回避性の重要な特徴として、このメカニズムを知ったからといって、そう簡単には実際の意思決定に影響しない、という点があります。これまでの説明を踏まえた上で、やはりどちらのくじを選択するか、次の質問について考えてみてください。

①もれなく三万四〇〇〇円が当たるくじ
②七〇パーセントの確率で五万円が当たるが、残り三〇パーセントの確率で何ももらえないくじ

みなさんはすでに、こうした意思決定の研究について、一部ではありますが知識を持っています。おまけに、今度は期待値が異なっており、②の方が有利となっています。迷いなく、②を選ぶと考え

る方はいるでしょうか？　一定数、②と答える方もおられるでしょうが、やはり依然として①を選ぶ方が多いことでしょう。同様に、次の質問です。

①もれなく三万四〇〇〇円の罰金を払うくじ

②七〇パーセントの確率で罰金は五万円になるが、残り三〇パーセントの確率で罰金がゼロになるくじ

今度は罰金がゼロになる確率は三〇パーセントですが、期待値を計算すると、①の方が有利なのは明らかです。それでも、②を選択してしまう方が多いのではないでしょうか。

このように頭ではわかっていても、自身の行動はなかなか変えられないわけです。意識にはのぼらない、自動的な処理として、こうした非常に強力なバイアスがかかっており、これは速いこころのはたらきであると考えられます。そしてこうした判断では、どうも遅いこころがうまく機能してくれないようです。欲求をおさえる場合とは違って、遅いこころが制御しきれないというよりは、そもそもこうした意思決定において、遅いこころが蚊帳の外に置かれているようにも思えます。

実際、こうした損失回避性と、速いこころのはたらきを担う皮質下領域との関連が、これまでの研究で報告されています。特に、二〇〇七年に報告された『サイエンス（*Science*）』誌の研究では、損失回避性とｆＭＲＩによって測定した脳活動との関係が報告されています［20］。この研究からは、損失回避性の個人差は、腹側線条体の活動の個人差で説明できることが明らかにされています。腹側

線条体はこれまでにも何度も登場してきた、側坐核を含む報酬系の一部であり、速いこころのはたらきと損失回避性との関係が示されたものと言えるでしょう。

このように、ズルや嘘といった不正が関係しない場面であっても、わたしたちは機械のように意思決定ができているわけではないのです。利得と損失を考える様々な場面において、わたしたちは合理的・理性的な判断が必ずしもできるわけではありません。知らないうちに、速いこころのはたらきによって支配されてしまっているケースが多いのです。

お金は魔物？

本章ではお金にまつわる意思決定に焦点をあてて、これまでの研究を紹介してきました。これらは研究全体の一部に過ぎませんが、わたしたちの意思決定の仕組みの一端が浮かび上がってきます。日常的にもありふれたお金が関わる意思決定では、速いこころと遅いこころのバランスがたやすく崩れうることを、おわかり頂けたのではないでしょうか。

よく「お金は魔物」という表現を使いますが、筆者はちょっと違うように感じます。お金そのものは、連続した数値で表現可能な、きわめて客観的かつ具体的な存在です。お金自体が魔物なのではなく、そのお金を扱う人間のこころにこそ、魔物がひそんでいるのではないでしょうか。こうしたこころのメカニズムを明らかにしていくことは、時として利己的で不道徳な振る舞いをしてしまう人間の本質に迫る上で、非常に有益なステップになると筆者は考えています。

第四章 「人間関係」にまつわる意思決定

——恋愛と復讐のメカニズム

人間関係は意思決定の連続

本章のターゲットは人間関係に関する意思決定です。人間は多くの時間を、友人や恋人、家族、あるいは職場の同僚、学校の先輩や後輩と一緒に過ごします。多くの時間を過ごすからこそ、相手と関係を築いていく中で様々な意思決定をすることになります。

書類作成の手伝いを同僚にお願いしようか、ミスをした部下をどうフォローしようか、飲み会の予定があるけど残業を抱えた上司にも声をかけるべきか……。人間関係を形成し、維持する過程は意思決定の連続といっても良いでしょう。今日の夜は友人と食事、週末には恋人と旅行、といったように、人間関係がうまくいっている時は、とても楽しいものです。一方で、人間関係にストレスを感じる人も少なくありません。特に、自分が親しい人とトラブルになってしまうと、たいていの人は落ち込んでしまいます。

本章では「失恋」や「復讐」、「他人の不幸は蜜の味」といった、ドラマにも良く出てくるようなトピックを取り上げながら、人間関係にまつわる意思決定のメカニズムを掘り下げていきます。最近では人間の社会性に関わる脳の研究が進展し、人間関係における意思決定のメカニズムもある程度明らかになってきました。その中には、これまで紹介してきた速いこころと遅いこころの枠組みを利用することで、より良く理解できる知見も存在します。特に、多くの対人関係に関わる意思決定場面において、速いこころのはたらきが鍵を握っていることがわかってきています。このことを、まず恋愛を具体例に挙げながらご説明したいと思います。

人生最大の重要事

恋愛はわたしたちの人生の中で、最も喜怒哀楽を左右することの一つです。恋愛がうまくいっている時は大きな幸福感をもたらしてくれます。一方、恋愛がうまくいかなかった時は失意のあまり、食事が喉を通らないほど落ち込んでしまうこともあります。

幼いころであっても、思春期とは多少の違いはあるものの恋心は存在し、またお年寄りになったからといって恋愛ができないわけではありません。実際、恋愛感情の強弱に年齢による違いはみられないことが示されています［1］。

また、恋愛は文化普遍的でもあります。人類学者による大規模調査では、一六六にのぼる文化圏のうち、約九割にあたる一四七の文化圏で恋愛が存在する証拠をつきとめています［2］。残りの文化圏についても、正確な調査ができなかったということであり、恋愛が存在しないというわけではありません。

恋愛における様々な意思決定は、人生の中で最も重要なものといえるのではないでしょうか。というのも、恋愛は（すべてのケースがそうとは限りませんが）最終的に、配偶者の選択につながるからです。配偶者の選択は、言うまでもなく自分の家族を作ることであり、人生の多くの時間を共にする相手を決定するプロセスです。さらに配偶者の選択は子孫を残すこと、つまり自分の遺伝子を後世に残すことにも直結します。したがって、恋愛に関わる意思決定は、自然科学的な観点からも、他の様々な意思決定とは一線を画すものと言っても過言ではないでしょう。

恋愛を支える報酬系

ではこうした恋愛にはどのような脳のメカニズムが関わっているのでしょうか？　もちろん、恋愛の意思決定はきわめて複雑ですから、単一の脳領域で実現されているわけではありません。様々な脳領域が複合的に関与していることは間違いないのですが、現在までの研究では主に、速いこころを支える脳のシステム、特にこれまで何度も紹介してきた脳の報酬情報の処理に関わる報酬系が関与していることが明らかになっています。

恋愛についての脳のメカニズムを調べた研究は、二〇〇〇年にユニバーシティ・カレッジ・ロンドンのバーテルズとゼキによって初めて報告されました［3］。彼らは恋愛真っ盛りの実験参加者を対象に、ｆＭＲＩを用いた実験を行いました。

実験に参加したのは一七名でその内一一名は女性、年齢は二一歳から三七歳までです。実験中、参加者は自分の恋人の写真と、恋人と年齢・性別が同じで、かつ付き合いの期間も同程度の友人の写真を呈示され、その時の脳のはたらきが調べられました。

実験の結果、脳の様々な領域が恋人の写真に対して反応していたのですが、なかでも重要なのが、尾状核《びじょうかく》と被殻《ひかく》です。これらの領域は左半球と右半球のどちらでも、はっきりと恋人の写真に対して活動が上昇していました。尾状核と被殻は共に、背側線条体《はいそくせんじょうたい》を構成する報酬系であり、脳内の情報伝達を媒介する神経伝達物質のドーパミンによって、そのはたらきを支えられています。つまり、背側線条体は前章までにも登場した側坐核と共に、報酬情報の処理を担っています。

同様の研究成果は、米国からも報告されています。恋愛についての多角的な研究成果をまとめた

『人はなぜ恋に落ちるのか?』［4,5］を著したヘレン・フィッシャーらによる研究グループです［6］。この研究でも、恋愛中の実験参加者がfMRIによる実験に参加しました。

一〇名の女性、七名の男性で、年齢は一八歳から二六歳ということですから、ロンドンのグループの研究に比べると、少し若い実験参加者です。fMRIによる撮像中、ロンドンのグループによる実験手続き同様、実験参加者は自身の恋人の写真と、恋人と年齢・性別が同じ知人の写真を呈示されました。その結果、この実験でもやはり、背側線条体を構成する尾状核が恋人の写真を見た時に活動が上昇していることが明らかになりました。異なる研究グループから一貫した研究成果が報告されているという点では、信頼性の高い研究成果と言えるでしょう。

また、この実験では尾状核以外にも、報酬系を構成する重要な脳領域の関与が明らかにされました。

それは腹側被蓋野《ふくそくひがいや》とよばれる領域です。この領域は中脳の一部であり、系統発生的には古い部分です。腹側被蓋野には、ドーパミンを放出するドーパミン作動性ニューロンとよばれる神経細胞が多く存在しており、脳の他の領域にドーパミンを分配しています。中脳辺縁系とよばれる経路では、この腹側被蓋野から側坐核へ、また中脳皮質系とよばれる経路では、腹側被蓋野から前頭葉へと情報伝達がなされます。腹側被蓋野は報酬系のなかでも最も重要な脳領域の一つであり、報酬を獲得しようとする行動の形成を支えています。

なお、この実験では恋愛感情と脳活動との関係について、他にも興味深いことが判明しています。実はこの実験では、実験前に恋愛感情についてのアンケートである熱愛尺度の測定が実施されています。もしパートナーにふられたら自分は悲しんでしまう、あるいは、パートナーのことをいやでも考えてしまう、といったように、どれくらい情熱的な恋愛状態に陥っているかを測定するためのアンケートです。このアンケートで高い得点をとった人は、より深い恋愛状態にある、というわけです。

尾状核の活動は、この熱愛尺度の得点と相関することがわかりました。つまり、より深い恋愛状態にある人ほど、尾状核の活動が高いという結果が得られたのです。これは尾状核の活動が、たしかに恋愛感情に伴うものであることを確認すると同時に、主観的な恋愛感情の強さと、客観的な脳活動という指標との間に、密接な関係があることを示唆するものと言えます。

ドーパミンを測る

恋愛と報酬系との関係については、日本の研究者からも興味深い研究成果が報告されています[7]。ここまで紹介してきた研究では、恋愛と報酬系との関係が示されてはいるものの、ドーパミンを直接測定しているわけではありません。この研究では、陽電子断層撮像法（PET；Positron Emission Tomography）を用いて、ドーパミンの関与をより直接的に調べています。

ＰＥＴは放射線を発する放射性同位体を薬剤に組み込んで個体に投与することで、その体内の分布を画像化することができます。この実験では、炭素の放射性同位体〔^{11}C〕が組み込まれた〔^{11}C〕ラクロプライドとよばれる薬剤を用いています。〔^{11}C〕ラクロプライドは、ドーパミンが放出されてその刺激を受ける細胞にあるドーパミン受容体に結合して放射線のシグナルを発するため、脳内のドーパミンの放出を測定できるのです。

実験は午前と午後の二回に分けて行われています。午前と午後の実験では、それぞれ恋人または恋人と同性の友人の写真が呈示され、写真を一五秒見て一五秒休む、という課題を三〇分行いました。その一五分後に、〔^{11}C〕ラクロプライドを用いて六〇分間、PETによる脳の撮像が行われました。この手続きにより、恋人の写真を見た時と友人の写真を見た時の、脳の中でのドーパミンの放出の違いを評価することができるわけです。

その結果、恋人の写真を見た時に、眼窩前頭皮質と内側前頭前野において、ドーパミン神経が活性化していることが明らかになりました。眼窩前頭皮質は第二章でも少し説明しましたが、前頭前野の複数の下位領域のなかでも、この領域が処理している情報は情動や欲求との関連が深く、報酬情報の処理に密接に関与しています。なお、この実験からは、恋人の写真を見た直後の主観的な興奮の程度と、眼窩前頭皮質におけるドーパミン神経の活性の程度が相関することもわかりました。恋愛感情に、報酬情報の処理と同じ脳のメカニズムが関与していることを明確に示す知見といえます。

背側線条体、腹側被蓋野、眼窩前頭皮質と複数の脳領域が出てきましたが、これらはすべて報酬情報の処理に重要な役割を担っており、恋愛の神経基盤として報酬系を挙げることは、学術的にもコンセンサスが得られていると考えて良いでしょう。恋愛、より正確に言うならば、恋愛対象となる相手は、「獲得」することが望ましい対象であり、その獲得を目指して行動選択に影響を与えます。これはまさに、報酬と同じです。生物の本能的欲求に関わる一次的報酬、あるいは金銭といった二次的報酬は共に、獲得すると快の情動をもたらし、その獲得のための行動を強化します。したがって恋愛が報酬系の機能によって支えられていることは、生物学的な視点からは頷ける知見とも言えます。

人間以外にも目を向けてみると、一夫一妻制のモデル動物であるプレーリーハタネズミでは、つがいを作る行動にドーパミンが重要な役割を果たすことが知られており、やはり報酬系の関与を支持する知見と言えます [8,9]。そしてこうした脳の報酬系は、主に速いこころのはたらきを支えているものです。一目ぼれ、という表現は、恋愛感情と速いこころとの関係をうまく表すものと言えるでしょう。

なお、こうした恋愛(ここでは、自分のパートナーの写真を見る時)と報酬系との関係については、普遍性が高いことも、その後の研究で徐々に明らかになりつつあります。ここまで紹介してきたfMRIの研究は、欧米圏からの研究報告でしたが、中国での研究でも同様の研究成果が得られています [10]。また、男性か女性かといった性別の違いや、性的指向による影響も認められないことが報告されています [11]。

失恋とストーカー

これから何度もデートを重ねる恋人に、あるいは生涯を共にする伴侶に対して、脳の報酬系が反応することで、わたしたちの恋愛感情は形成され、維持されていきます。でも、恋愛はいつもうまくいくとは限りません。一部のモテモテの男女を除けば、一生の中では恋愛が失敗することの方が、うまくいくことよりも多いのではないでしょうか。

恋愛の失敗、つまり失恋です。失恋にも様々な形があります。まだ交際していない異性にアプローチしたけどダメだった、というのは典型的な失恋の例です。相手に既に恋人がいたり、意中の人がいる、あるいは自分のことを恋愛対象として見てくれていない、など理由は様々です。

こうした失恋は悲しくつらいものではありますが、交際中の恋人同士が破局を迎える、というケースでは、より深刻な修羅場を迎えることになります。特に、別れを切り出した側よりも、切り出された側、つまり振られた側は、「はい、そうですか」というわけにはいきません。この人と結婚しようと決めていたのに……この人以外は考えられない……。その思いが強いほど、悲しみも強くなり、なかなか立ち直ることができません。

失恋した時、わたしたちの脳の中では何が起こっているのでしょうか？ 先ほど紹介したフィッシャーらの研究グループは、まったく同じ研究手続きで、失恋したばかりの男女を対象とした実験も行っています［12］。

一八歳から二一歳の一五名の実験参加者（女性一〇名）は、「失恋したばかりで立ち直れない人募集」という一見怪しげな広告を見て、fMRIによる実験に参加しました。実験参加者にとって、元恋人の写真をまざまざと見ることはとてもつらいことですが、それでも頑張って恋愛の脳科学の発展に貢献してくれたわけです。fMRIによる撮像中、自身の恋人の写真と、恋人と年齢・性別が同じ知人の写真が呈示され、脳の反応が調べられました。

失恋した人の脳では、恋愛がうまくいっている人の脳とは、異なる反応を示すのではないか、と考える人も多いでしょう。しかし、実際には良好な恋愛関係にある人たち同様、報酬系の活動が確認されたのです。具体的には、腹側被蓋野や側坐核、眼窩前頭皮質といった領域の活動が、元恋人の写真を見た時に強く反応していました。

この脳の中で起こっている現象は、失恋しても相手のことを忘れられない、あきらめきれない、そんな心理状態を如実に反映しているものといえます。自分にはもう手に入らないにもかかわらず、脳は相手を求めてしまっているわけです。

「恋愛は一種の中毒なのだろうか？　わたしはそうだと考えている」（『人はなぜ恋に落ちるのか？』p.98）というのはフィッシャーの言葉です。第三章の依存のトピックでも取り上げましたが、中毒は制御することがきわめて困難です。お酒がやめられない、タバコがやめられない、ギャンブルがやめられない、といったように、一旦中毒になってしまうと、それを断ち切るのは容易なことではありません。恋愛においては、ストーカーといった犯罪行為につながってしまうケースもあります。

実際、脳の報酬系は、様々な依存癖に関与することが知られています。過去の研究では、コカインへの渇望が強いほど側坐核の活動が高いということが、ｆＭＲＩを用いた研究で報告されています［13］。また、ＰＥＴと〔^{11}C〕ラクロプライドを用いたコカイン中毒の患者を対象とした研究からも、背側線条体におけるドーパミンがコカイン中毒と密接な関係にあることが示されています［14］。つまり失恋と中毒は共に、報酬系の関与という観点で、きわめて類似した神経ネットワークによる現象と言えるでしょう。失恋をしても、そう簡単に思いを断ち切れない背景には、脳の中での報酬系のはたらきがあるわけです。

ただし、ある程度の期間を経れば、徐々に自分の気持ちに整理をつけて次の恋愛に向かうこともできます。この場合は、報酬系の活動が中毒のような状態ではなく、落ち着きを取り戻してきた状態と考えられます。もちろん、これは実際に失恋をした人を対象として直接データを取らない限りは、はっきりしたことは言えませんが、間接的にこの考えを支持する研究結果はあります。というのも、中脳に位置するドーパミン産生細胞は、二度と報酬が手に入らないということを気づくと、活動を減少させることがわかっているのです［15］。自分をふった相手はもう二度と戻ってくることはない、ということを受け入れられると、脳は恋愛の中毒状態を脱することができると考えられます。

ただし、これも「過ぎたるは及ばざるが如し」の言葉通りで、あまりに報酬系が働かなくなってしまうと、意気消沈して無気力になってしまい、場合によってはうつ病になってしまう可能性もあります。恋愛の前では、速いこころのシステムを適切な状態に維持しておくことは、そう簡単なことではないのです。

不倫と浮気——見境のない恋愛

わたしと一緒に研究をしている大学院生の上田竜平君も、恋愛を支える脳のメカニズムについての研究を進めています。ここでは彼が最近報告した実験成果の一つを紹介しておきたいと思います［16］。

人を好きになることは自由ですが、好きになった人であれば、誰に対してもアプローチしても良いかというと、現代社会ではそうとは限りません。相手に恋人や配偶者がいなければ良いのですが、特定のパートナーがいる異性と交際することは、社会的には望ましいことではありません。最悪、相手が既婚者であることを知っていて交際を始めたら、慰謝料の請求の対象になってしまいます。にもかかわらず、不倫や浮気は珍しいことではなく、ドラマや映画といったフィクションの世界はもちろん、わたしたちの身の回りでもこれらの話題はしょっちゅう飛び交っています。どうしてわたしたちはいけないことだとわかっているのに、こうした非道徳的な恋愛に走ってしまうのでしょうか。

上田君が行った研究では、この問題を解決するために、次のようなｆＭＲＩの実験を行いました。実験参加者はすべて男性で、ｆＭＲＩによる撮像中、様々な女性の顔写真が呈示されました。女性の顔写真にはそれぞれ、「恋人あり」もしくは「恋人なし」の情報が一緒に呈示され、その女性に彼氏がいるかいないかという情報が提供されました。実験参加者の男性は、女性の顔と恋人の有無の情報を参考に、どの程度その女性と交際してみたいかを判断しました。その結果、全体の傾向としては「恋人あり」の女性よりも、「恋人なし」の女性に対して、より交際してみたいと判断することがわかりました。つまり全般的には、特定のパートナーがいる女性に対してはアプローチしないという意思決定がなされたと言えます。

ただし、すべての男性がこうした行動傾向を示したわけではありません。中には、相手に恋人がいようがお構いなし、という男性もいたのです。パートナーがいてもお構いなし、という男性と、アプローチを控えようとする男性、こうした個人差の背景にある脳のメカニズムを調べたところ、報酬系の一つである眼窩前頭皮質の関与が浮かびあがりました。「恋人あり」の女性であっても、より積極的に交際したいとする男性は、「恋人あり」女性の顔写真を呈示された時に、「恋人なし」女性の顔写真を呈示された時に比べ、眼窩前頭皮質の活動がより高いことが明らかとなったのです。

つまり、本来はアプローチを控えるべき対象であっても、報酬系である眼窩前頭皮質の活動が高い個人では、そういった行動の制御ができていないと解釈できるわけです。不倫がばれてしまい、週刊誌やニュースで集中砲火を浴びる芸能人が後を絶ちませんが、「すみません、眼窩前頭皮質が反応してしまったので……」と釈明してもらえれば、少しは世間も許してくれるのでしょうか。わたしたちに備わっている速いこころのはたらきは、時として見境のない恋愛をも促進してしまうようです。

恋愛をコントロールする？

ここまで紹介してきたように、恋愛は主に報酬系、つまり速いこころのはたらきによって担われているようです。では、中毒にも似たような脳の活動パターンを示す恋愛において、遅いこころのはたらきが貢献できる側面はあるのでしょうか？

フィッシャーは自身の著書の中で、恋愛が中毒のようなものである以上、コントロールするのはそう容易ではないと主張していますが、失恋の痛手から回復することに関しては、ある程度意図的に実現可能と考えています［4,5］。

一つの方法は、恋愛対象であった彼・彼女——言い換えれば、中毒の対象の痕跡を消し去ることです。フィッシャーによると、どんな状況下でも、かつての恋愛対象にメールをしたり、電話をしたりしてはいけないのです。連絡をとって声を聞いたり、顔を見たりすれば、また気持ちに火がついてしまうからです。

また、常に忙しくするように、というアドバイスもあります。友達に電話をかけたり、旅行に出かけたり、ゲームをしたり、方法は何でも良いので、気を紛らわせるのです。歌っても、踊っても、あるいは過剰でなければ美味しいものを食べにいったり、お酒を飲んだりしても良いでしょう。新しく習い事を始めても良いかもしれません。好きなことや得意なことを楽しめば、失意の底から抜け出して、また新しい人生の楽しみを見つけることができるはずです。

さて、ここまで読み進めてきた読者の中には、あることに気付いた方もおられることでしょう。実はこれらの方略は、マシュマロテストのミシェルが提唱している、気をそらす方法とまったく同じです。目の前のおやつを我慢できない子供であっても、欲求の対象から気をそらすことで、より長い時間を待てるようになったことを思い出してみてください。失恋から立ち直る場合であっても、この方略が有効だというわけです。気をそらす、というのはとても単純なことのように聞こえるかもしれませんが、気持ちを平穏に保つには、様々な場面で有効なのです。

速いこころによる「復讐」

ここまで、人間の恋愛感情が脳の報酬系によって発現していること、つまり速いこころのはたらきが重要であることをご説明してきました。速いこころはこれまでも取り上げてきたように、そのはたらきは自動的かつ無意識的なものであり、簡単にコントロールできるものではありません。わたしたち人間が、恋愛がうまくいっている良い局面であっても、あるいはうまくいっていない悪い局面であっても、恋愛感情によってこころが支配されてしまうのは、脳の観点からみると、そう不思議なことではないわけです。

このように、脳の報酬系が関与するがために、なかなかその行為から抜け出せなくなる、と解釈できる例が他にもあります。それが「復讐」です。誰かからひどい仕打ちを受けた後に、その相手にやり返す行為です。日本では以前、仇討ちと呼ばれる復讐が合法化されていた時期がありました。江戸幕府は、父母や兄弟尊属の親族が殺害された場合に限り、仇討ちを認めていたのです。明治政府では、仇討ちは禁止されましたが、それでも一定期間、人を殺害する行為が合法化されていたという事実は、いかに人間の復讐心が強く、根が深いかということを示唆しています。

復讐自体は、あまり生産的な行為ではありません。相手にやり返したからといって、何かが直接的に手に入るかというと、そうではありません。時間がかかることもあるでしょうし、その瞬間はすっきりするのかもしれませんが、復讐するよりも他により生産的なことはいくらでもできるはずです。にもかかわらず、復讐が人間社会からなくなる気配はありません。

これは一体なぜでしょうか？　自分に危害を加えた相手に復讐せずに放置しておけば、将来的にさらに危害を加えられる可能性があるからでしょうか？　様々な理由づけが可能であるとは思いますが、ここではあくまで復讐をしようとするそのこころのはたらき自体にせまってみたいと思います。

「囚人のジレンマ」

二〇〇六年に『ネイチャー（*Nature*）』誌に報告されたジンガーらの研究は、痛みに対する共感の神経基盤を調べたものですが、復讐の背景にある脳のメカニズムを見事にとらえたものとも言えます［17］。厳密に言うと、意思決定そのもの（＝復讐をするかしないか）というよりは、復讐したいという思いの背景にある脳の反応をみているのですが、非常に重要な研究なので紹介しておきます。

彼女らの研究では、まず実験参加者に「囚人のジレンマ」というゲームを行ってもらいました。こ

		友人Aさん	
		自白	黙秘
あなた	自白	あなた→懲役5年 友人Aさん→懲役5年	あなた→釈放 友人Aさん→懲役10年
	黙秘	あなた→懲役10年 友人Aさん→釈放	あなた→懲役2年 友人Aさん→懲役2年

表4－1　囚人のジレンマの一例　お互いに協力して黙秘する方が、協力しないで自白するよりもよい結果になると分かっていても、自白が自身にとっての利益を得る状況では互いに自白してしまう。

のゲーム自体がとても面白いものなので、少し詳しく説明したいと思います。

ご存じの方も多いかもしれませんが、囚人のジレンマとは、お互いに協力する方が協力しないよりも、より良い結果になることが分かっていても、協力しない者が利益を得られる状況では互いに協力しなくなってしまう、というジレンマです。

具体例として、やや突飛なケースではありますが、次のような状況を考えてみてください。あなたと友人のAさんが、共謀して銀行強盗を行い、犯行を疑われて逮捕されたとします。警察はある程度の証拠もつかんでいるようですが、百パーセント犯行を立証できるには至っておらず、自白の有無が今後のポイントになりそうです。

ある日、検事があなたのところにやってきて、こんなことを話し始めました。「このままお前たちが黙秘したら、せいぜいどちらも懲役二年程度だろう。事件の全体像も見えないまま終了だ。だが、俺にはお前たちの仕業だという確信がある。そこで……だ。お前たちのどちらかが自白したら、そいつは釈放してやってもいいぞ。ただし、自白しなかった方は全部罪をかぶって懲役一〇年だ。両方とも自白したら……一〇年とはいわないが、二人とも五年くらいは入ってもらうことになるだろうな」これはいわゆる、司法取引とよばれているものです。諸外国ではそれほど珍しいことではありません。表4―1には、あなたと友人Aさんの置かれた状況がまとめられています。

さて、このような取引をもちかけられたら、あなたならどうするでしょうか？　あなたとAさんが両方自白して懲役五年となるよりは、互いに協力して黙秘して懲役二年となる方が良いことは明らかです。では相手を信じて、本当に黙秘することができるでしょうか。実は、この囚人のジレンマでは、自分の利益のみを追求するなら、自白する方が良いというロジックが成立します。というのも、友人のAさんが黙秘した場合、あなたも黙秘した場合は、あなたの懲役は二年となりますが、あなたが自白した場合は釈放、つまり懲役刑を科せられることはありません。つまり、自白した方が自分にとってはより良い結果となります。

次に、友人のAさんが自白した場合を考えてみましょう。ここであなたが黙秘した場合は、あなたは懲役一〇年となってしまい、最悪の結果となります。あなたが自白した場合は、懲役五年ですむわけですから、この場合もあなたは自白した方がより良い結果となるわけです。

したがって、友人のAさんがどのような行動をとるかにかかわらず、個別の条件で考えれば自白した方が良い選択になるわけです。ところが、両者がこのような戦略を用いた場合、最善の選択には至らず悪い結果を招いてしまいます。この点がジレンマと呼ばれる所以《ゆえん》です。

相手への共感

話を本筋に戻しましょう。ジンガーらの実験では、実験参加者はペアとなる相手と一緒に、この囚人のジレンマのゲームに参加しました。といっても、先ほどの例に挙げたように刑務所に入るわけではなく、金銭のやり取りを用いた囚人のジレンマゲームを行いました。

具体的には、最初に実験参加者がお金を相手に渡すかどうかを決め、次に相手が同じく実験参加者にお金を渡すかどうかを決める、というゲームです。このゲームの面白いところは、相手にお金を渡すと決めると、その金額は自動的に大きくなって相手の懐に入る、という点です。お互いにできるだけ協力した方が、お金を増やすことができるのは明らかですが、自分の利益だけを考えると協力しにくいというこの構図は、先ほどの刑務所の例と同様です。

そしてこの実験では、実験参加者とペアになる相手は、いわゆる「サクラ」でした。要するに、実験者側の協力者であって、実験参加者の前では、実験参加者と同じように、実験に呼ばれた人であるように振る舞っています。

ジンガーらの実験では、二種類のサクラが準備されました。ある条件のサクラはとても公平であり、実験参加者にお金を渡す人でした。別の条件のサクラは不公平で、実験参加者にお金を渡そうとしませんでした。当然ながら、実験参加者は公平なサクラのことを、不公平なサクラに比べ、より好意的に評価することになります。

この囚人のジレンマゲームの後に、この研究の主要な実験が行われます。実験参加者はｆＭＲＩによる撮像中に、実験に参加したペアの相手、つまりサクラの様子を見るように指示されます。サクラの手には電極が取り付けられており、痛みを伴う電気ショックを受けることになります。この実験の大きな目的は、どういった相手に対して痛みに対する共感を示すかを調べることでした。

まず、実験参加者は公平な相手が電気ショックを与えられているのを見たときに、痛みに対して活動する脳領域、具体的には島《とう》や前部帯状回《ぜんぶたいじょうかい》とよばれる領域の賦活《ふかつ》を示しました。自分が痛い思いをする時に活動する脳の領域が、他者が痛みを感じるのを見る時にも同じように活動し、特に自分にとって好ましい相手の時にそういった反応が顕著なわけです。まさに、相手の痛みを自分でも感じることで共感しているというわけです。

男性の復讐心のほうが強い

この実験における最も興味深い結果は、不公平な相手が電気ショックを受けるのを見たときの、男女の脳の反応の違いです。女性は不公平な相手であっても、痛い思いをしているのを見た時には、公平な相手ほどではないにせよ、痛みの共感を示していました。

ところが、男性ではそういった反応はみとめられませんでした。それどころか、男性ではこれまで何度も登場してきた脳の報酬系の一つである側坐核の活動が高いことが明らかとなったのです（図4―1）。自分にとって好ましくない相手が痛い思いをしているのを見て、「しめしめ、ざまぁみろ」と言わんばかりの反応です。

実際、男性の実験参加者におけるこの側坐核の活動は、どれくらい相手に対してやり返したいか、という復讐心を測定した質問紙の結果とも相関を示していました。相手に復讐したいとする気持ちが

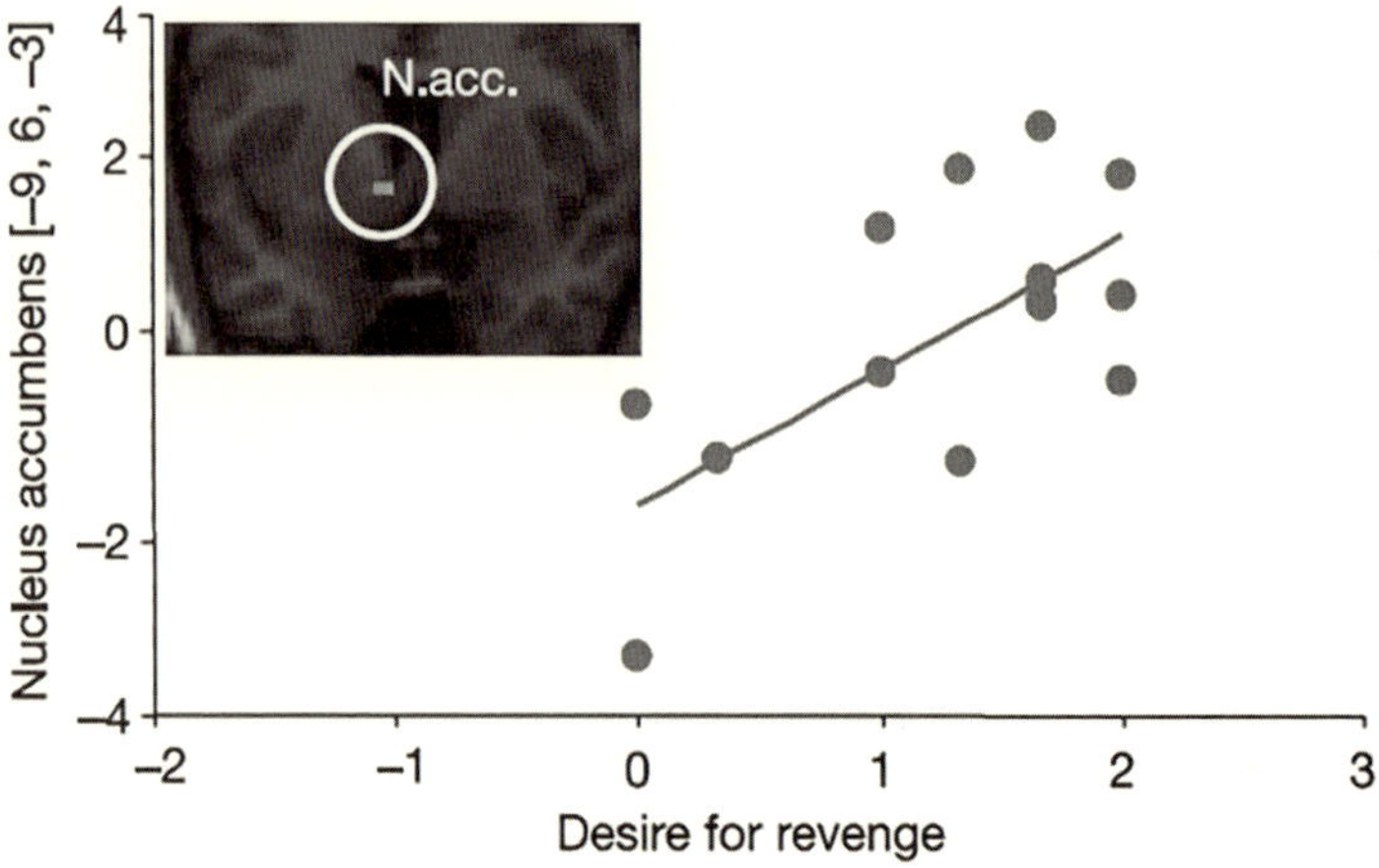

図4－1
不公平なプレーヤーが痛みを感じているのを見る時に、男性では側坐核の活動がみとめられ、その活動量は「復讐したい」とする気持ちの程度と相関していた［17］より転載。

強い実験参加者ほど、不公平な相手が痛い思いをするのを見ている時に、側坐核の活動が強かったのです。

側坐核は本書で何度も登場してきた領域ですが、速いこころの担い手の一つと考えられます。つまり、男性における復讐というのは「あいつは前に自分に不公平な態度をとって、嫌な奴だった。あいつは報いを受けるべきだ」と理性的に判断しているわけではないようです。むしろ、自動的に、そして直感的に、相手に対してやり返したいという行動を動機付けるように、男性の脳は設計されているかのようです。

よくドラマでは復讐を伴う愛憎劇が描かれますが、登場する復讐者は、多くの場合でその復讐行為に執着しています。必ずしも意味があるわけでないと自分でわかっていても、あるいは周囲に何度説得されても復讐をやめられない、というのは中毒に見られる行動パターンにも通じるものがあります。

男女におけるこうした脳の反応の違いは大変興味深いのですが、何故このような違いが生まれたのかは明らかではありません。進化の過程で、男性には適応的な生存を図るうえで、他者に対する社会的な懲罰行為を促す要因が存在した、という可能性も否定はできませんが、直接的なエビデンスはありません。

大学の講義でこの研究を説明した後に、講義の感想としてある女性の学生が「女性では報酬系が反応しないのは、理解できる気がします。わたしだったら、復讐する時に身体的・物理的な危害を与えるよりも、精神的なダメージを与えようと考えます」という内容のコメントをくれました。なんだか恐ろしいコメントですが、男女の脳の進化という観点からは、非常に興味深い考察であるようにも思えます。

妬みと他人の不幸

本章ではもう一つ、やはり速いこころのはたらきで説明できる、人間の興味深い心理過程に着目したいと思います。それは「他人の不幸は蜜の味」です。他人に不幸が起こったときにそれを喜んでしまう、という誰もが不謹慎と感じつつも、決して無縁ではない感情のことを指します。日本語ではこの感情を表す単語はありませんが、ドイツ語ではシャーデンフロイデ（Schadenfreude；恥知らずの喜び）といいます。シャーデンフロイデは、道徳的には良くないことであるのは明らかです。それでも、こういった感情が発現してしまう背景には、速いこころを支える脳のはたらきがあります。

このシャーデンフロイデの脳のメカニズムに関しては、日本の高橋英彦先生による、米国の学術雑誌『サイエンス（*Science*）』誌に発表された研究が有名です［18］。

この研究はシャーデンフロイデに先立って、妬みの神経基盤についても検討しており、二つの実験で構成されています。両者が密接に関係しているので、順を追ってそれぞれの実験をご説明したいと思います。

まず、最初の実験では、実験参加者にあらかじめ実験参加者本人が主人公であるシナリオを読んでもらいました。主人公は大学生で、学業の成績や経済状況に関しては、ごく平均的であるという設定です。そしてこのシナリオには、実験参加者本人以外に、以下の三人の人物が登場します。

学生A：実験参加者と同性の学生です。人生の目標や趣味、将来計画している進路が共通していますが、実験参加者より優秀です。文武両道で、経済状況も良好で、異性からの人気もあります。一言でまとめるならば、実験参加者である自己との関連が高く、かつ優秀な登場人物ということです。

学生B：実験参加者とは異なる性別の学生です。人生の目標や趣味、将来計画している進路は、実験参加者とはまったく異なります。ただし、学生A同様、実験参加者より優秀です。実験参加者よりも学問・スポーツは秀でたものをもち、お金も異性からの人気もあります。優秀な登場人物ではありますが、自己との関連は低い登場人物です。

学生C：実験参加者とは異なる性別の学生です。学生B同様、人生の目標や趣味、将来計画している進路は、実験参加者とはまったく異なります。実験参加者と同様に、学業の成績や経済状況に関しては、ごく平均的という設定です。自己との関連は低く、平均的な登場人物です。

この実験では、実験参加者にｆＭＲＩの中に入ってもらって、これらのシナリオの登場人物である学生Ａ、Ｂ、Ｃのプロフィールが呈示されました。その後、それぞれの学生に対する妬みの強さを評価してもらいました。その結果、学生Ａ、Ｂ、Ｃの順に妬みの評定が高いことがわかりました。自分より優秀でかつ、自分との関連が高い他者に対して、強く妬みが生じるということを意味しています。脳の反応としては、この妬みの評価に対応する領域が明らかになりました。学生Ａ、Ｂに対して、背側の前部帯状回の活動が高まっており、学生Ａに対する活動は学生Ｂに対するものより高いこともわかりました。また、妬みの強い実験参加者ほど、前部帯状回の活動が高いという個人差も明らかとなりました。前部帯状回は、先ほどの復讐に関する研究でも取り上げた領域ですが、身体の痛みの処理にも関わる領域です。妬みがまさに、こころの痛みであると解釈できる成果ともいえるでしょう。

不謹慎なのは速いこころ

ここまでは妬みの実験ですが、本章で最も注目したいのは引き続き行われた次の実験です。実験参加者はｆＭＲＩによる撮像中に、強い妬みの対象であった学生Ａと妬みの対象にはならなかった学生Ｃに、様々な不幸が発生するシナリオが提示されました。所有している自動車が故障してしまったり、食あたりを起こしてしまったり、とさんざんな内容です。

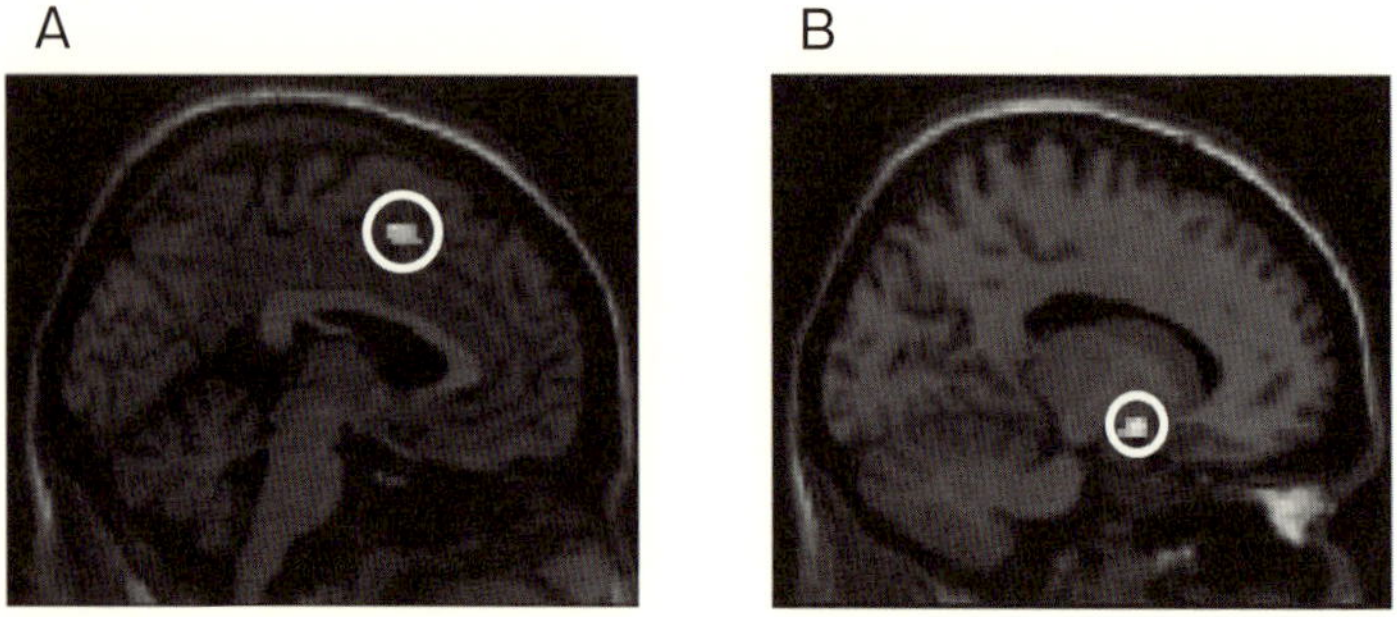

図4－2
(A) 妬みに関する神経基盤　自己関連性が低く、優れた特徴を持たない異性の学生Cと比べ、自己関連性が高く（進路などが共通）、優れた特徴（異性からの人気など）を持つ同性の学生Aのプロフィールを見たときに、背側前部帯状回の活動が確認された。
(B) シャーデンフロイデに関する神経基盤　学生Aに不幸が訪れたことを心地良く思っていた実験参加者ほど、学生Cよりも学生Aに不幸が訪れたときに、腹側線条体の活動が高いことが確認された。
［18］より転載。

その後、学生Aと学生Cに起こった不幸に対して、どれくらい嬉しい気持ちを感じたかを評価してもらいました。その結果、学生Cに起こった不幸にはあまり嬉しい気持ちは報告されなかったのに対し、学生Aに起こった不幸に対しては、中程度の嬉しい気持ちが報告されました。

つまり、学生Aに対するシャーデンフロイデを実験的に誘発することに成功したわけです。さらに脳の画像解析の結果からは、学生Aに起こった不幸に対しては、腹側線条体の賦活がみとめられました（図4―2）。また、シャーデンフロイデが強い実験参加者ほど、腹側線条体の活動が高いという相関関係も確認されました。なお、先ほどの実験で妬みに関連する前部帯状回の活動が高い実験参加者ほど、この腹側線条体の活動が高いということも示されました。

腹側線条体を構成している主要な領域は側坐核です。シャーデンフロイデ、すなわち他人の不幸は蜜の味の背景には、脳の報酬系が関わっているというわけです。繰り返しになりますが、側坐核は速いこころの担い手の一つです。つまり、他人の不幸を喜んでしまうという、わたしたち人間の不謹慎さは、じっくりと考えて結論を導くような、遅いこころのはたらきによるものではないのです。自動的に、素早く、他人の不幸に喜びを見出してしまうように、速いこころが処理をしてしまうわけです。

頭では他人の不幸を喜んではいけないことは十分にわかっているにもかかわらず、ほくそ笑んでしまうのは、脳の反応を見ると不思議なことではないようです。

人間関係における速いこころと遅いこころ

本章ではわたしたちが社会で経験する複雑な意思決定——特に、人間関係に関わる意思決定のメカニズムに焦点をあてました。複雑な人間関係において、意思決定のベースとなるのは速いこころのはたらきのようです。

恋愛場面では強い情熱が、脳の報酬系によって生み出されます。遅いこころのはたらきをうまく使って、失恋からうまく立ち直ることも可能ではあるようですが、中毒のようになってしまった恋愛では、自分の意志でコントロールするのは容易なことではありません。うまくいった恋愛に心の底から喜び、その一方で実らなかった恋愛に絶望する背景には、速いこころを支えている脳のはたらきがあるのです。

本章の中盤以降で紹介した復讐やシャーデンフロイデについては、まだ研究成果が十分には蓄積されていません。社会的状況における二者関係、三者関係、あるいはそれ以上の人間関係に関わる神経基盤については、これからも精力的に研究を進めていく必要があります。速いこころと遅いこころが、どのように協調しながら人間関係を形成しているのか、今後の研究での発展が期待されます。

第五章

道徳的判断の形成

——理性と情動の共同作業

道徳的判断を支える脳の仕組み

ここまで読み進めてこられた読者の中には、速いこころに対する悪い面が目につくと感じられる方もいるかもしれませんが、そうとは限りません。遅いこころのはたらきと、速いこころのはたらきは、どちらも同じくらい重要です。そして両者のはたらきのバランスによって、わたしたちの意思決定はたしかに変化します。

本章では、脳科学の研究のなかでもとりわけ新しい分野ともいえる「道徳」にフォーカスして、理性と情動のバランスの重要性を再認識したいと思います。

わたしたちが社会生活の中で判断したり、決断したりしなければいけない内容には、きわめて複雑かつ困難なものがあります。たとえば救急医療の現場では、過酷な決断を迫られる場面もあります。

読者のみなさんの中には、トリアージという言葉を聞いたことがある人もいるでしょう。トリアージとは、フランス語で「選別」を意味するtriageという言葉に由来しています。多くの傷病者が発生した災害医療の現場において、患者を傷病の程度や緊急性によって分類し、治療や搬送先の順序を決定することをさします。できるだけ多くの患者を助けたいと思っても、現場の医療設備や人員によっては、その願いがかなわないこともあります。助かる見込みのない患者よりも、命を救える患者への治療を優先する、というこのトリアージは、特に阪神淡路大震災をきっかけに、日本でも広く認知されるようになりました。

目の前でまだ息がある患者がいる状況で、他の患者の治療を優先させる、というのはとてもつらい決断であることは想像に難くありません。はたして、こうしたきわめて難しいと思われる、人の命に関わる意思決定、あるいは道徳や倫理といった概念が関わる意思決定も、理性と情動の対立の枠組みで理解できるのでしょうか？　最近の人間の道徳性についての研究成果を踏まえると、答えはイエスということになりそうです。

トロッコジレンマと歩道橋ジレンマ

人間の道徳性にかかわるこころのはたらき、とりわけ脳の仕組みについては、二一世紀になってからの研究で徐々に明らかにされています。道徳性の研究において哲学者がよく用いていた題材として、イギリスの哲学者フィリッパ・フットが提唱した「トロッコジレンマ」と呼ばれる次のようなジレンマがあります（図5—1）。

制御不能になったトロッコが近付いており、このままだと五人の作業員が轢《ひ》き殺されてしまいます。あなたは線路のそばの分岐器の近くにいます。あなたがトロッコの進路を切り替えれば、五人は確実に助かります。しかし、切り替わる進路の先にも一人の作業員がおり、その作業員は轢き殺されてしまいます。あなたが進路を切り替えることは、道徳的に許されるでしょうか？　それとも許されないでしょうか？

読者のみなさんはどのように判断されるでしょうか？　これまでの研究では、多くの人がこのような状況では、進路を切り替える、つまり一人を犠牲にして五人を助けることを道徳的に許される、と

図5－1
トロッコジレンマ（上）と歩道橋ジレンマ（下）　1人を犠牲にしてでも5人を助けるという行為に対する道徳的判断は、2種類のジレンマで異なることが知られている。

判断することが知られています。実際にわたしが大学の授業でこの質問を学生にしても、やはり道徳的に許されると判断する学生が多数派でした。

では次に、トロッコジレンマとは別の「歩道橋ジレンマ」について考えてみましょう。トロッコジレンマとよく似ているのですが、少しストーリーが異なっています。

制御不能になったトロッコが近付いており、このままだと五人の作業員が轢き殺されてしまいます。あなたは線路の上の歩道橋に立っており、そばに体の大きなAさんがいます。Aさんをつき落とせばトロッコは確実にとまり、五人は助かりますが、Aさんは死んでしまいます。あなたがAさんを突き落とすことは、道徳的に許されるでしょうか？　それとも許されないでしょうか？

このストーリーではどうでしょうか？　多くの人が、道徳的に許されないと判断したのではないでしょうか。これまでの研究では、トロッコジレンマとは違い、歩道橋ジレンマでは一人を犠牲にすることを道徳的に許されないと判断する人が多いことがわかっています。若い日本の学生でも同じでした。

どうしてトロッコジレンマと歩道橋ジレンマとで、わたしたちの道徳的判断は変わってしまうのでしょうか。どちらのジレンマも、一人を犠牲にして五人を助けるかどうかという点では、本質的には変わらないはずです。

グリーンの画期的研究

こうした問題に科学的な手法で答えを出そうとしたのが、米国ハーバード大学心理学部のジョシュア・グリーンです。彼はもともと大学院で哲学を専攻していたのですが、その後に心理学・脳科学の研究を始めた気鋭の研究者です。実は筆者は二〇一〇年から二〇一二年までの二年間、このジョシュア・グリーンの研究室で、人間の正直さ・不正直さを規定する脳の仕組みを調べるための研究を行っていました（その研究成果は第六章で触れることにします）。

彼にどういうきっかけで心理学や脳科学の研究を始めたのかを聞くと、次のような答えがかえってきました。

「人間の道徳的判断について、哲学で研究しても答えは出せない。科学的なエビデンスを出せる心理学・脳科学の研究で問題を解決したかった」

学際融合的な研究の重要性が叫ばれる今では、こういった発想も一般的になってきたかもしれませんが、彼が研究を始めた当時は、この考えは非常に斬新なものであったと言えます。

彼は二〇〇一年に米国の権威ある学術雑誌である『サイエンス（*Science*）』誌に、その後の人間の道徳的判断の研究の進展に大きく影響を与えた論文を発表しました[1]。fMRIを用いた、道徳的判断の際の脳活動を調べた実験の成果です。具体的には、fMRIによる脳活動撮像中、実験参加者は「トロッコジレンマ」や「歩道橋ジレンマ」を読み、一人を犠牲にして五人を助けることが道徳的に許されるかを判断しました。

この実験で最も重要な結果は、歩道橋ジレンマについての道徳的判断を行う時に、内側の前頭前野の活動が認められたことです。この領域の活動の解釈については、難しい面もあるのですが、グリーンらは情動との関連を指摘しています。情動のはたらきによって、たとえ五人を助けるためだとしても、一人を犠牲にすることを許容できないと判断している可能性があるわけです。

実はこうした道徳的判断や、もっと言えば人間の意思決定のシステムについて、研究者は「人間は合理的・理性的な存在である」という考えから、なかなか脱却できずにいました。グリーンの研究は、こうした人間観に道徳性という観点から一石を投じたわけです。歩道橋の上から自らの手で人を突き落とすという行為が、情動を揺さぶるものであるということに、脳科学の観点からお墨付きを与えたものとも言えるでしょう。

その一方で、トロッコジレンマについての道徳的判断を行う時には、中前頭回《ちゅうぜんとうかい》と呼ばれる領域を含む、背外側《はいがいそく》前頭前野の活動が認められました。この領域は認知的制御、すなわち行動のコントロールや合理的・理性的判断に関わるとされています。背外側前頭前野が「クールな」情報処理を行うことで、一人を犠牲にしてでも五人を助けることは道徳的に許される、とする判断を導いていると考えられるのです。

こうして見てみると、複雑な道徳的判断も理性と情動の対立と、それらを支える脳のはたらきという観点で理解できることが、よくわかります。脳の情動の処理に関わる領域のはたらきによって、「一人を犠牲にするなんてできない」という意思決定が生じ、その一方で脳の合理的・理性的判断に関わる領域のはたらきによって、「一人を犠牲にしてでも、五人を助けよう」という決断につながるわけです。

情動に基づく反応と、理性に基づく反応によって道徳的判断が実現されているというこの考えを、グリーンは「道徳的判断における二重過程理論」として提唱しています。道徳的判断に限定しているという点で、前章までに紹介してきた二重過程理論とはややニュアンスが異なるのですが、二種類のこころのはたらきを想定しているという点で、基本的な考え方は同じものとみなして良いでしょう。

義務論主義と功利主義

さて、さらに道徳的判断の研究成果を見ていく前に、ここで基本的な哲学の知識と用語の整理をしたいと思います。五人を助けるためだからといって一人を犠牲にはできない、という考え方は「義務論主義」に基づくものと言えます。

義務論はドイツの哲学者であるイマヌエル・カント(一七二四〜一八〇四)によって提唱されました(図5—2)。カントの義務論を正確に理解するのはとても難しいのですが、ごく簡潔に表すと以下のようになります。人間がどのような状況においても「正しい」と結論できる行為を普遍的な道徳規則とし、その規則に従って生きることが善であるということです。義務論では、この道徳規則に無条件に従う(=義務化する)ことが重要であり、一切の例外を認めません。たとえばカントの考え方では、いかなる理由があっても人間は嘘をついてはいけない、ということになります。

あなたの家にナイフを持った強盗が侵入してきて、「家にいるのはおまえだけか?」と聞かれても、二階で寝ている子供のことを正直に話さないといけないのです。義務論ではあくまで、結果よりも道徳規則に従うことが優先されます。義務論では、嘘をつくこと以外にも、他人を傷つける、殺してしまう、権利を侵害するといったことが許されません。したがって義務論主義の観点からは、歩道橋ジレンマにおいて人を突き落とすというのは、もっての外なわけです。実は義務論主義では、道徳規則は理性によって導き出されると考えるのですが、グリーンの道徳的判断の研究からは、義務論主義に基づいた意思決定が情動のはたらきによるという明確なエビデンスが示されたわけです。

一方、一人を犠牲にしてでも五人を助ける、という考え方は「功利主義」に基づくものと言えます。功利主義を唱えたのは、英国の哲学者ジェレミー・ベンサム（一七四八～一八三二）です（図5―2）。「最大多数の最大幸福」という言葉がよく用いられますが、これはまさに功利主義の考え方をよ

図5－2
カント（上）とベンサム（下）

く表しています。

つまり功利主義では、ある行動や行為がより多くの人間の幸せにつながるのであれば、その行動や行為は倫理的・道徳的に正しいと考えます。実利と結果を重視している点で、規則に従うことを重視する義務論主義とは対照的です。より多くの人の利益や幸福につながるのであれば、ルールを破ったり、嘘をついたりすることも、功利主義では必ずしも積極的ではないにせよ、認められます。

したがって功利主義の観点からは、トロッコジレンマにおいて進路を切り替えることは、多くの命を救うための当然の行為と考えられるのです。このような、ある意味では「冷徹な」判断をする際には、情動よりは理性のはたらきが重要になるわけです。

より難しい道徳的判断——泣き叫ぶ赤ちゃんのジレンマの研究

道徳的判断における理性と情動のはたらき、それを支える脳の仕組みについての研究は、その後も発展を続けています。先ほどの研究では、トロッコジレンマと歩道橋ジレンマを用いていましたが、これらのジレンマは意見が割れることはそう多くはありません。つまり、一人を犠牲にすることをトロッコジレンマでは許容できても、歩道橋ジレンマでは許容できないとする人が多数派です。このことは別の視点から考えると、これらの道徳的判断がそう難しくはない、比較的考えやすいものであることを意味しています。もっと決断するのを悩ませるような、難しいジレンマにおいても、わたしたちの脳は理性と情動のはたらきを使って意思決定をしているのでしょうか?

二〇〇四年にグリーンらが発表した論文は、まさにこの点を追求した研究成果を報告しています

[2]。この研究では、トロッコジレンマや歩道橋ジレンマよりも判断が難しい、「泣き叫ぶ赤ちゃんのジレンマ」を用いています（図5―3）。

あなたの村は敵軍の兵士に占領されてしまいました。兵士は村の生き残りの人々を殺す命令を受けています。あなたは村人と一緒に、大きな家の地下室に隠れていました。ところがあなたの子供が突然泣き始め、あなたは子供の口をふさぎました。口をふさぐのをやめれば、泣き声によって兵士にばれてしまい、あなたとあなたの子供、村人の全員が殺されてしまいます。生き延びるには、子供の口をふさいだまま殺すしかありません。全員を助けるために、子供を殺すことは道徳的に許されるでしょうか？　それとも許されないでしょうか？

先の二つのジレンマよりも、みなさんは判断をするのに時間がかかっているのではないでしょうか？　わたしが講義で大学生にこの質問をすると、結果にばらつきはあるのですが、歩道橋ジレンマやトロッコジレンマよりも、意見が分かれる印象があります。全員殺されてしまうのですから、少しでもましな結果を求めるなら、子供の口をふさがざるを得ないのですが、そのように決断することはそう簡単ではありません。実際に子供がいる人と、そうでない人でも、判断は異なるかもしれません。わたしにも三歳の息子がいますが、子供の口をふさぐという決断は当然できません。

さて、このようなジレンマに対して、義務論主義的な反応（子供の口をふさいだまま殺すことは道徳的に許されない）と功利主義的な反応（子供の口をふさいだまま殺すことは道徳的に許される）の両方が

図5－3
泣き叫ぶ赤ちゃんのジレンマ　トロッコジレンマや歩道橋ジレンマよりも、過酷な決断を迫られる。

起こりうるわけですが、その際の脳のはたらきについてのグリーンの仮説は次のようなものでした。

認知的制御に関わる背外側前頭前野の機能が、情動的なはたらきに拮抗することで、功利主義的な反応を導くのではないか、という考えです。

つまり、功利主義的な反応をする場合には、義務論主義的な反応をする場合に比べ、背外側前頭前野の活動が高いのではないか、というのです。結果はこの仮説を支持するものでした。功利主義的な反応をする際には、背外側前頭前野の活動が上昇していることが示されたのです。この研究では、理性のはたらきと功利主義的な反応との関係性について、より強固なエビデンスが得られたと言えるでしょう。

道徳的判断の変化――脳損傷との関連

ここまでに紹介してきた研究から、情動のはたらきによって義務論主義的な反応が引き起こされること、理性のはたらきによって功利主義的な反応が引き起こされること、そしてそれらの反応を導く脳のはたらきがあることがおわかりいただけたかと思います。理性が情動を抑えると、一人を犠牲にしてでも五人を助けようとし、逆に情動が理性に勝つと、そのような冷徹な判断はできないというわけです。

一見すると、理性と情動がそれぞれうまく機能しながら、わたしたちの道徳的判断を導いているようですが、果たして本当にそうなのでしょうか？　これをさらに厳密に検証するには、理性と情動のはたらきに変化が生じた時に、道徳的判断に影響を及ぼすかを調べる必要があります。

ではまず、情動について考えてみましょう。もし、情動のはたらきがうまく機能しなくなったら、わたしたちの道徳的判断はどうなってしまうでしょうか？　情動のはたらきが機能しないということは、義務論主義的な反応が生じない、ということを意味します。そうだとすると、功利主義的な反応が優勢になるのでしょうか。

二〇〇七年にケーニグスらが『ネイチャー（*Nature*）』誌に発表した論文では、まさにその通りの結果が報告されています［3］。

彼らは内側の前頭前野、特に情動の処理との関係が深いとされる腹内側《ふくないそく》前頭前野に損傷のある患者六名を対象として、トロッコジレンマや歩道橋ジレンマでの道徳的判断にどのような傾向があるかを調べました。その結果を、脳の他の領域に損傷がある患者一二名のデータ、そして脳損傷がない健康な実験参加者一二名のデータと比べました。これらの三つのグループの比較によって、脳の損傷のなかでも、特に腹内側前頭前野の損傷が、道徳的判断にどのような影響を与えているかを、正確に分析することができるのです。

結果はいたってシンプルです。まず、トロッコジレンマのように、比較的情動の喚起が少ないと考えられるジレンマにおいては、三グループの間に違いは認められませんでした。その一方、歩道橋ジレンマのように、強い情動を引き起こすと考えられるジレンマでは、はっきりとした違いが認められました。

腹内側前頭前野の損傷の患者は、一人を犠牲にしてでも五人を助けるといった功利主義的な反応を支持する割合が、他の二グループよりも高かったのです。腹内側前頭前野の損傷が情動の喚起を損ない、結果として義務論主義的な反応を弱めたと解釈できる、大変興味深い結果です。ほぼ同様の研究成果が、同じく二〇〇七年にイタリアの研究グループからも報告されていることを考えると、この所見は信頼性が高いものと考えて良いでしょう［4］。

その後、モレットらが道徳的判断における腹内側前頭前野の損傷と、情動のはたらきの障害との間の関係性について、より直接的なエビデンスを報告しています［5］。この研究では八名の腹内側前頭前野に損傷がある患者の道徳的判断のパターンを、七名の前頭葉以外の領域に損傷がある患者と、一八名の脳損傷がない健康な実験参加者の道徳的判断のパターンと比較しています。

そしてこの研究のポイントは、皮膚電位反応という生理指標に着目した点です。わたしたちは緊張すると、精神性発汗といって汗をかくことが知られています。いわゆる「手に汗握る」という状態です。汗をかくと、皮膚における電流の伝わり方が変化するため、皮膚電位を測定することで、客観的に情動が喚起されたかを測定することが可能なわけです。

この研究から得られた結果は、非常にクリアなものでした。まず、これまで紹介してきた研究同様、腹内側前頭前野の損傷によって功利主義的な反応が増加することが確認されました。そして、この道徳的判断のパターンと対応するように、腹内側前頭前野に損傷のある患者では、情動のはたらきの指標となる皮膚電位反応が認められなかったのです。比較対象となった他の二グループでは、明確な皮膚電位反応が生じることが示されました。この研究では、道徳的判断における情動のはたらきを、皮膚電位反応という客観的な手法で評価した点で、非常に強固なエビデンスを提示していると言えます。

また、二〇一四年に発表された研究では、アレキシサイミアと道徳的判断との関係を調べています[6]。アレキシサイミアは日本語では「失感情症」と訳されることが多いのですが、自分の感情を認識したり、うまく言葉で表現したりすることが難しい症状をさします。

これまでの研究成果から予想される通り、アレキシサイミア傾向は功利主義的反応を増加（つまり、義務論主義的な反応を減少）させていました。道徳的判断において情動のはたらきが重要な役割を果たしていること、特に義務論主義的な反応を引き起こしていることは、かなり確からしいと考えることができるでしょう。

抗不安薬とテレビ番組の影響

情動のはたらきに着目して異なるアプローチを用いた研究として、抗不安薬を用いた研究もあります[7]。

抗不安薬はその名の通り、不安やそれに関連する心理症状・身体症状の治療のために用いられます。ペルキンスらの研究ではロラゼパムという薬剤が用いられました。ロラゼパムはベンゾジアゼピン系と呼ばれるもので、情動のはたらきをコントロールするものと考えられています。ロラゼパムを服用した場合に、偽薬（ビタミンC）を服用した場合と比べ、実験参加者の道徳的判断がどのように変化するかを調べるのが、この研究の主な目的でした。

結果として、ロラゼパムは義務論主義的な反応を弱めました。ロラゼパムを服用した場合には、偽薬を服用した場合に比べ、歩道橋ジレンマで一人を犠牲にしてでも五人を助けるべきとする功利主義的な反応が増加したのです。トロッコジレンマでは、薬剤の影響は認められませんでした。

先ほどの脳損傷の患者を対象とした研究と共に、情動処理と義務論主義的な反応との強い関係性を明確に示す研究成果であると言えます。同時に、薬を飲んだだけでわたしたちの意思決定が変わってしまう、というのはちょっと怖いことのような気もします。薬を飲んだせいで眠くなった、喉が渇いた、と考えることはあっても、薬のせいで自分の意思決定が変わった、とはなかなか認識できないからです。

さて、脳の損傷や抗不安薬は脳のはたらきに直接的な影響を与えるわけですが、もっと単純な方法で情動のはたらきと道徳的判断との関係性を調べることも、心理学では可能です。その一つとして、道徳的判断を行う前にポジティブな情動を喚起しておいて、その後の道徳的判断にどのような影響が見られたかを調べた研究が報告されています［8］。

この実験では、参加者は二つのグループに分かれます。グループ1の実験参加者は、ポジティブな情動を引き起こすために、五分間のコメディー映像を見ました。実際に使われた映像は「Saturday Night Live」という、土曜の深夜に放送されているアメリカのバラエティ番組でした。グループ2の実験参加者は、情動を喚起しないような映像、具体的にはスペインの小さな村についてのドキュメンタリー映像を見ました。その後、両グループの実験参加者は道徳的判断の課題を行いました。

その結果、グループ1の実験参加者の方がグループ2の実験参加者に比べ、歩道橋ジレンマで一人を犠牲にすることを、より許容できると判断していました。トロッコジレンマでは、グループ間で差は認められませんでした。事前に喚起されたポジティブな情動が、歩道橋ジレンマにおける道徳的判断におけるネガティブな情動の喚起と相殺されることで、義務論主義的な反応を抑制し、結果として功利主義的な反応が増加したと考えられるわけです。いわゆる「その時の気分」が、わたしたちの意思決定に大きく影響を与えていることを、端的に示す研究とも言えます。

さて、ここまでは主に情動のはたらきが機能しなかったり、弱まったりした場合を取り上げてきましたが、逆のパターン、つまり情動のはたらきが高まった場合を調べた研究も報告されています。その手法の一つとして、実験参加者が道徳的判断をしている間に、ジレンマの中で犠牲になる登場人物の写真を見るという方法があります［9］。写真を見ることで具体的なイメージが想起されると、犠牲となる登場人物への共感が高まることは想像に難くありません。つまり、共感が高まると、より強い情動のはたらきが喚起され、義務論主義的な反応が増加するのではないか、と考えたわけです。結果はこの予想の通りとなりました。道徳的判断をする際に写真を一緒に見た実験参加者は、そうでない別の実験参加者よりも、義務論主義的な反応が強まることが確認されたのです。

また、クロケットらが報告した研究では、シタロプラムという薬剤の道徳的判断に与える影響を調べています［10］。このシタロプラムは抗うつ薬として使用されるもので、先ほど紹介したペルキンスらの研究で用いられていたロラゼパムとは作用機序が異なります。シタロプラムは「選択的セロトニン再取り込み阻害剤」と呼ばれるもので、簡単に言うと脳の中のセロトニンの量を増やすはたらきをします。抗うつ薬として用いられるのは、うつ病の人はセロトニンが不足していることがよく知られているためです。セロトニンは気分や情動をコントロールして、こころのバランスを保つのに重要な神経伝達物質です。

脳の中でのセロトニンの量が増えると道徳的判断はどのような影響を受けるのか、これは事前に予想するのはなかなか難しいのですが、結果としては義務論主義的な反応が増加するという結果になりました。クロケットらは、セロトニンの増加が、他者を傷つけることに対して生じる不快な情動のはたらきを増強し、結果として義務論主義的な反応が優位になったと解釈しています。ロラゼパムの研究でもそうでしたが、薬を飲んだだけでわたしたちの意思決定がはっきりと影響を受けるというのは、驚くべきことです。

情動のはたらきと義務論主義との関係性を調べた研究は、本書で紹介した以外にも続々と報告されています。道徳的判断における情動の役割は、簡潔にまとめると以下のようになります。

①情動のはたらきが弱まると義務論主義的な反応が減少し、一人を犠牲にして五人を助けることをより許容できるようになる。
②情動のはたらきが強まると義務論主義的な反応が増加し、一人を犠牲にして五人を助けることをより許容できなくなる。

こうして見てみると、一見複雑に見える道徳的な意思決定の仕組みも、情動のはたらきに注目することで、随分理解しやすくなることがわかります。

理性と道徳的判断の関係

では、理性のはたらきに変化が起きた場合、わたしたちの道徳的判断はどのような影響を受けるのでしょうか？　ロジックは情動の場合と同じです。つまり、理性のはたらきがうまく機能しなくなったら、わたしたちの道徳的判断において功利主義的な反応が低下してしまうのでしょうか？　あるいは、理性を目一杯働かせることで、功利主義的な反応が優勢になるのでしょうか？

この問題に対して、理性のはたらきを妨げるために、時間の制限を設けるという非常にシンプルな手法を用いた研究が報告されています［11］。

この研究に参加した実験参加者は二つのグループに分けられました。グループ1の実験参加者では、道徳的判断をするための時間として八秒という制限が与えられました。ジレンマを読み、考え、判断をするのに、八秒という時間はきわめて短いものです。つまり、このグループ1の実験参加者は、道徳的判断の際に理性のはたらきを十分に使えなかった、ということになります。

一方、グループ2の実験参加者は、三分間の時間が与えられ、十分に考えてから道徳的判断を行うことができました。その結果、グループ1の実験参加者はグループ2の実験参加者よりも、義務論主義的な反応が優位になっていました。この効果は、情動の喚起が強いジレンマ、特に泣き叫ぶ赤ちゃんのジレンマのように、強い葛藤を引き起こすジレンマにおいて確認されたものです。理性的にじっくりと考えられなければ、功利主義的な反応が減少すると考えられる結果です。

この研究では、さらに別の方法による検証も進めています。具体的には、時間の制限を設けるのではなく、実験参加者に対する指示内容を変化させる方法です。グループ1の実験参加者には、「直感的にできるだけ早く回答してください」と指示を与えます。グループ2の実験参加者には、「いくら時間をかけても構わないので、よく考えて回答してください」と指示します。その結果、やはりグループ1の実験参加者の方が、グループ2の実験参加者よりも、義務論主義的な反応が優位になるという結果が得られました。このように、道徳的判断における思考のための時間を制御することで、より義務論主義的な反応が優位になるという結果は、その後の研究でも確認されています［12］。

脳のはたらきに着目した研究も報告されています。ユーリセンらが用いたのは、経頭蓋磁気刺激（TMS: Transcranial Magnetic Stimulation）という方法です［13］。経頭蓋磁気刺激では、主に8の字型の電磁石を使って、頭の外側から脳に対して磁気刺激を与えます。この方法では非侵襲的、つまり生体を傷つけずに、脳の特定の領域の活動に変化を起こすことが可能になります。

ユーリセンらは実験参加者が道徳的判断を行う際に、磁気刺激を行って脳の活動を一時的に妨げることで、道徳的判断がどのように変化するかを調べました。この研究で最も注目すべき結果は、脳の右半球の背外側前頭前野への磁気刺激の影響です。背外側前頭前野はグリーンらの研究で紹介したように、合理的・理性的判断に関わり、遅いこころのはたらきを担う領域です。道徳的判断に関する質問が画面に呈示されてから二・五秒後に、右の背外側前頭前野を磁気刺激したところ、歩道橋ジレンマのような情動の喚起が強いジレンマにおいて、より義務論主義的な反応が優位になることがわかりました。つまり、背外側前頭前野の活動が損なわれると、功利主義的な反応が低下する、と解釈できる結果が得られたわけです。

ただしこの研究の結果は、やや慎重に解釈する必要があります。というのも、別の研究グループによって報告された研究では、右の背外側前頭前野への磁気刺激によって、より功利主義的な反応が強まったとする、逆の結果が報告されているためです［14］。したがって、背外側前頭前野への磁気刺激の影響については、もうしばらくは研究成果の蓄積が必要なように思われます。

理性を最大限使う場合

さて、ここまでは理性のはたらきが損なわれた場合、道徳的判断がどのように変化するかを紹介してきました。では逆に、理性のはたらきを最大限に活かすことで、功利主義的な反応が促進されるのでしょうか。パクストンらが報告した研究は、まさにこの問題に正面から取り組んだものです［15］。彼らの研究では、第一章でも紹介した「認知熟考テスト」を利用しています。ボールの値段が一〇セントではなく五セントだった例のテストです。

パクストンらの研究では、実験参加者が二つのグループに分かれています。グループ1の実験参加者は、認知熟考テストを解いてから道徳的判断を行いました。逆にグループ2の実験参加者は、道徳的判断を行った後に認知熟考テストを行いました。この手続きにより、グループ1の実験参加者はグループ2の実験参加者に比べ、より物事をじっくりと考えられるモードになっていると想定しているわけです。彼らの研究では、認知熟考テストでたしかに「熟考」している実験参加者に限定するために、三問出された問題の内、少なくとも一問は正解している実験参加者をデータ分析の対象としています。

その結果、グループ1の実験参加者の方が、グループ2の実験参加者よりも、道徳的判断における功利主義的な反応が増加していることがわかりました。事前に認知熟考テストを行ったことで、一人を犠牲にしてでも、より多くの命を助けることを許容する、と判断するようになったわけです。グリーンが提唱する道徳的判断における二重過程理論に、よく合致する結果と言えるでしょう。

他にも、功利主義的反応と関連する要因として、ワーキングメモリーの能力が指摘されています[16]。ワーキングメモリーとは、一時的に情報を保ちながら操作する心理過程を指すもので、その神経基盤としては、認知的制御にも関わる背外側前頭前野の関与が指摘されています。

ムーアらが報告した研究では、ワーキングメモリーの容量が大きい人は小さい人に比べ、功利主義的な反応が強いことが示されており、これまでに紹介してきた研究成果ともよく合致するものと言えます。また個人の思考スタイルを測定する質問紙を用いた研究からは、物事を深く考えることが好きだと回答する人ほど、功利主義的な反応が強いことも明らかにされています[17]。冷静に、理性的に、じっくりと物事を考える傾向と、功利主義的な反応との間には、密接な関係があるようです。

道徳的判断における理性の役割は、以下のようにまとめることができるでしょう。

①理性のはたらきが弱まると功利主義的な反応が減少し、一人を犠牲にして五人を助けることをより許容できなくなる。

②理性のはたらきが強まると功利主義的な反応が増加し、一人を犠牲にして五人を助けることをより許容できるようになる。

情動の変化	道徳的判断における情動のはたらき	義務論的反応
腹内側前頭前野の損傷	—	—
アレキシサイミア（失感情症）の罹患	—	—
ロラゼパム（抗不安薬）の投与	—	—
ポジティブな情動の喚起	—	—
犠牲者への共感の増加	＋	＋
シタロプラム（抗うつ薬）の投与	＋	＋

理性の変化	道徳的判断における理性のはたらき	功利主義的反応
道徳的判断を行うための時間を制御	—	—
背外側前頭前野に対する磁気刺激	—	—
認知熟考テストの実施	＋	＋
ワーキングメモリー容量の大きい個人	＋	＋
物事を深く考える個人	＋	＋

表5－1　道徳的判断におけるこれまでの研究のまとめ

道徳的判断における理性のはたらきも、情動のはたらき同様、二重過程理論のおかげで理解しやすくなることがわかって頂けるかと思います。

理性と情動のバランスによって実現する道徳的判断

ここまでに紹介してきた研究を振り返ってみると、理性と情動、そしてそれらのはたらきを支える脳の仕組みが、道徳的判断において重要な役割を果たしていることは間違いないと言えるでしょう（表5—1）。理性が勝つか、情動が勝つか、それによってわたしたちの道徳的判断が最終的に決まっているようです。

当然ながら、どちらか一方に偏った状態というのは適切とは言えません。多くの命を助けられるからといって、何の疑問も持たずに淡々と一人を犠牲にすることが、人間として本当に善い行為かはわかりません。かといって、情動的な意思決定を繰り返し、多くの命を助けられる機会を逃してしまうことも、適切な行為とは言えないでしょう。理性と情動が天秤のように、右に左にバランスを取りながら意思決定できる状態が、理想的なのではないでしょうか。

ただし、このような理性と情動という分け方はシンプルでわかりやすい一方、実際に起こっている意思決定の仕組みを単純化し過ぎている危険性もあります。また、理性と情動という二つのこころのはたらきを、完全に別のシステムとして捉えて良いかという問題もあります。実際にグリーン自身も、道徳的判断においてはこうした二種類のこころのはたらきが必ずしも、完全に独立したものとは考えにくいと述べています［18］。

それでもなお、道徳的判断において提唱されている二重過程理論は、心理学や脳科学の手法を使って様々な実験的検証ができるという点で、この分野の研究の劇的な進展をもたらしたものと言えます。複雑な人間社会における意思決定の仕組みが、哲学・心理学・脳科学の融合によって、徐々に明らかになっていると言えます。

理性が情動を超越する

さて、グリーンの研究は、理性と情動のはたらきで道徳的判断のメカニズムを説明することに終始するわけではありません。彼の哲学的議論の詳細については、彼の著書『モラル・トライブズ』［19–21］をご覧頂きたいのですが、彼は異なる道徳的価値観を持った集団間で生じる様々な社会的問題を解消する時にこそ、理性のはたらきが重要であると考えています。

具体的には、理性をうまく働かせることによって、葛藤や対立を生む情動を一旦脇に置いて、全員が共有できる道徳的価値観を見つけることができると主張しています。理性の力を信じているという点では、第二章で紹介したウォルター・ミシェルと意見を等しくしているとも言えるでしょう。理性が情動を本当に超えられるのか、この点は第七章でもう一度考察してみたいと思います。

第六章

意思決定と人間の本性

——性善か性悪かを科学的に読む

人間の本性を科学的に解き明かす

ここまで紹介してきたように、人間の意思決定のメカニズムを理解する上で、二重過程理論は非常に有効な考え方です。特に前章で紹介したように、道徳的判断といったきわめて複雑な意思決定であっても、速いこころと遅いこころ、またそれらに関わる脳のシステムによって実現されていることがわかります。

実はこうした研究は、心理学や脳科学そのものの進歩につながるだけではなく、主に人文科学の分野で議論されるような「人間の本性」についても、新たな科学的視点を提供するものです。人間にはどのような意思決定を導くシステムが備わっているのかを科学的に明らかにすることで、どういった振る舞いが人間にとって自然なのか、あるいは不自然なのかを、エビデンスをもとに議論することができるからです。

そこで本章ではこれまでとは少し趣向を変え、現在までに蓄積された心理学と脳科学の意思決定に関する研究成果をもとに、人間の本性について踏み込んで論じてみたいと思います。具体的には、人間とは善をなす存在なのか、それとも悪をなす存在なのか、という議論を一例として取り上げ、人間とは本来どういった存在であるのかを科学的に考察します。筆者自身の研究成果も織り交ぜながら、両者をどのような枠組みで理解するのが良いか、一つの方向性を提案できればと思っています。

性善説と性悪説

人間という存在をどのようにとらえれば良いのか、これは古来より現代まで、ずっと存在し続けている大きな問いです。人間とは強い存在なのか、人間とは賢い存在なのか、人間とは善い存在なのか……。こうした問いに対する答えを出すのは容易なことではなく、またどのような視点に立つかによって、その答えも変わってきます。これらの問いのなかでも、人間は善をなす存在なのか、それとも悪をなす存在なのか、という問いは、多くの思想家によって議論されてきた難題です。この両者の考えを体系化した代表的な例が、孟子（前三七二〜前二八九）による性善説と、荀子（前三一三〜前二三八）による性悪説と言えます（図6―1）。

孟子が唱えた性善説では「人間は善を行うべき本性を先天的に具有しており、成長すると悪行を学ぶものである」とされています。性善説は「世の中に悪い人なんていない。いい人ばかりだ」という単なる楽観主義として解釈される場合もありますが、そう単純ではありません。

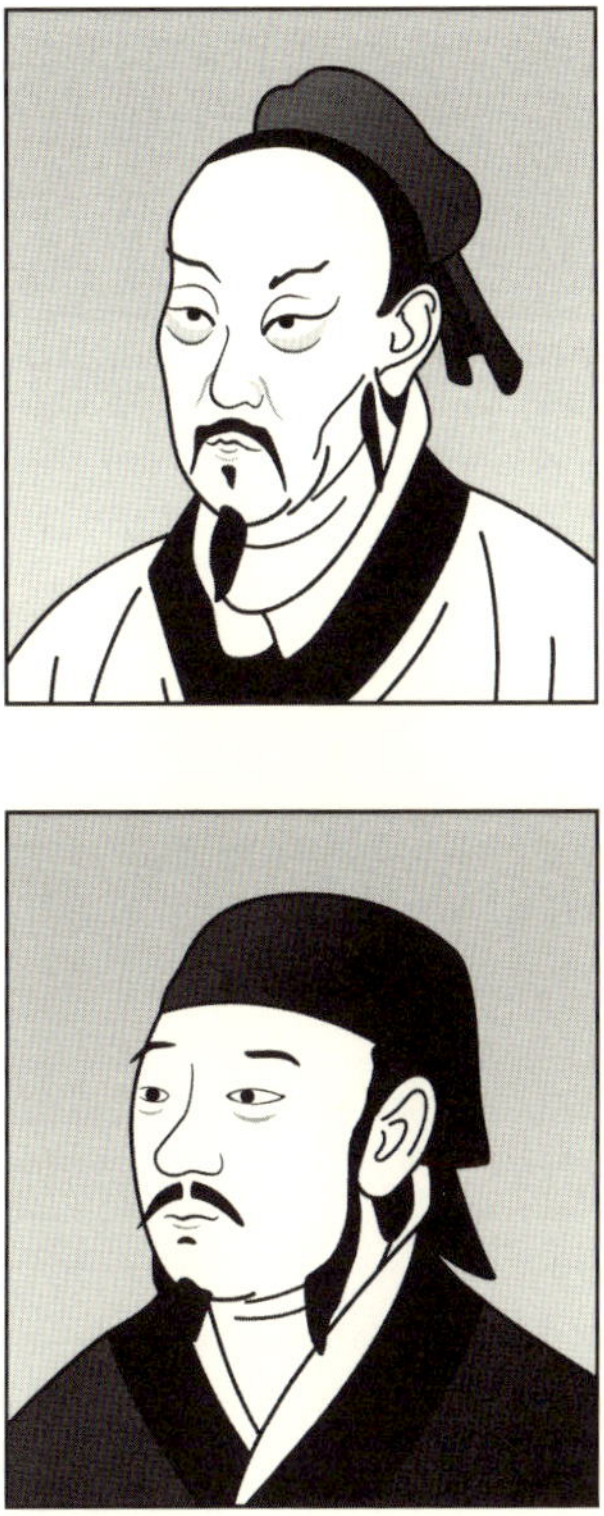

図6－1
孟子（上）と荀子（下）

性善説では、あらゆる人間には先天的に、善となるための可能性である「善の兆し」が備わっていると考えます。善い存在となるための土壌を持っている、と解釈して良いでしょう。この善の兆しは、四端の心と呼ばれる、惻隠（他者の苦境を見過ごせない心）、羞悪（不正を羞恥する心）、辞譲（謙譲の心）、是非（善悪を分別する心）によって構成されます。他者をあわれみ、悪い行いを恥じ、おごらず、善悪を判断できる人間になるための基礎が、どんな人間にも備わっている、というわけです。孟子は、学問を修めることで善行を発現させることができると考えますが、その一方で悪行も人の中に宿ると考えています。

一方、荀子が唱えた性悪説は、孟子の性善説に反対して提唱されたものです。性悪説では「人間の本性は利己的欲望であり、善の行為は後天的習得によって可能である」とされています。孟子は人間のベースとして善の兆しを想定しているわけですが、荀子は欲望的存在にすぎないと考えているわけです。ただし、荀子は学問を修めることによって、たとえ利己的な本性を変えることができないとしても、礼儀を正すことが可能になるとも考えています。教育がきわめて重要と考えており、実はこの点では、孟子と荀子の思想は一致しているとも言えます。

本章では性善説と性悪説そのものを検証するわけではありませんが、直感的に議論を理解する上では、この二つの考え方を頭の片隅に入れておくと便利かと思います。人間は善をなす存在なのか、あるいは悪をなす存在なのか。もう少し具体的に、そして以下に紹介する研究でも議論できるように表現するならば、人間にとって善い行いをするのが自然なことなのか、あるいは悪い行いをするのが自然なことなのか、ということです。これまで本書で紹介してきた通り、速いこころは自動的に働く一方で、遅いこころのはたらきは意志の力を反映します。速いこころが悪で遅いこころが善なのか、あるいはその逆なのか？

第三章でも紹介したお金にまつわるズルの研究からは、善い行いには遅いこころのはたらきが関与している証拠が提示されていますが、速いこころがいつも悪い行いばかりをしていると断言はできません。速いこころが善い行いに関与している可能性も十分にあります。というのも、わたしたちの日常生活を振り返ってみると、躊躇なく善い行いができる場合もあれば、自分を律してなんとか善い行いができた、という両方の場合があり、どちらの見解もある程度の正当性を持っているように感じられるからです。果たして、この二つの異なる主張を和解させることは可能なのでしょうか？

以下では、この問題を心理学と脳科学の成果をもとに考察してみます。人間がいかにして善い行いをし、いかにして悪い行いをするのか、その背景にあるメカニズムに自然科学的に迫ることで、人文科学的な議論に新しい視点を提供することが可能です。

他者へ協力するのは、速いこころか、遅いこころか？

人間にとっての善い行いと悪い行いというのは様々な種類があり、具体的に挙げるとキリがありません。それでも、困った人に手を差し伸べる、人を助けるというのが善いことであるのは間違いないでしょう。また、人をだましたり、物を盗んだりするのが悪いことであることに、議論の余地はないでしょう。

人間の本性に迫る上では、他者への協力のメカニズムを知ることは非常に重要です。というのも、困っている周囲の人をサポートしてあげたり、仲間と協力して物事を進めていくことは、わたしたちの社会生活を構成するきわめて重要な要素であるからです。通常、他者へ何らかの形で協力する場合、自分自身の利益に直結するというよりはむしろ、様々なコストが発生してしまうものです。それでも人間は他者に協力することができます。血縁関係の人間や仲の良い友人だけではなく、初対面の人が相手であってもです。こうした他者への協力が、どのようなこころのはたらきによって実現しているのかは、議論が続いています。

一つの仮説は、こうした協力行為は生得的なものであり、遺伝的に組み込まれたものであるという考え方です。多少の犠牲を払ってでも、他者に協力することは生存上有利であるため、自然と他者に協力できる仕組みが備わっている、ということです。これまで紹介してきた二つのこころのはたらきの観点からすると、主に速いこころによって協力が実現する、という考えといっても良いでしょう。

その一方、発達過程での学習を通じて、他者に協力できるようになるという考え方も当然存在します。自分にとっては利己的となる選択を抑制し、意志の力でもって協力ができるようになる、ということでもあり、これは遅いこころによる協力と言えるでしょう。

人間が他者へ協力するのは自然なことなのか？　この問いの解決にむけて、二重過程理論をベースにしたきわめて興味深い研究成果が二〇一二年に『ネイチャー（*Nature*）』誌に報告されています[1]。筆頭著者のランドは現在、エール大学の准教授として教鞭をとっているのですが、実は筆者は米国留学時代、非常に短い期間ではありましたが、同僚の研究員として彼と同じラボで過ごした時期がありました。超がつくほど優秀な研究者であった彼がこの研究で検証している仮説は、まさに先ほど提示した、協力の背景にあるこころのはたらきです。人々はもともと利己的な存在であり、自分の行動をコントロールすることで協力できるようになるのか、あるいはもともと協力的な存在である人間が、合理的・理性的に考えることで利己的になるのか、という実験を行ったのです。

実験手続き

それでは具体的な実験手続きをご説明したいと思います。まず、この実験では実験参加者を通常のように、実験室に呼んできて実験をする、といったやり方ではなく、インターネットをうまく活用して多くの実験参加者からのデータを集めています。

アマゾン・メカニカル・ターク（Amazon Mechanical Turk）と呼ばれるサイトでは、世界中からインターネットを介しての実験参加者を募ることができます。少額ではありますが、実験参加への対価が支払われるため、喜んで参加する方が少なくないのです。世界中から、老若男女問わず様々な実験参加者からのデータが得られるので、主に大学生が実験参加者となる一般的な心理実験よりも、より普遍性の高い結論を導き得るというメリットがあります［2］。

実験参加者は他の四名の参加者と共に、「公共財ゲーム」と呼ばれる課題を行います。このゲームでは、他者と協力することで大きな利得が得られるのですが、他者のはたらきをあてにして自分が怠けたくなる状況（いわゆるただ乗り）をつくりだし、人間の協力行動を客観的に評価することが可能です。

ランドらの研究は米国で行われたものですが、ここでは日本円を使って公共財ゲームのルールを説明したいと思います。たとえば五名でグループを作り、最初にそれぞれが一万円ずつを与えられます。そして、それぞれが手持ちの一万円の中から、いくらをグループのために支払うかを決めます。実験者はそれぞれが支払う金額を合計し、その倍の金額を五名全員に均等に分配します。

読者のみなさんでしたら、どれくらいの金額を支払うでしょうか？　こういった状況では、人によって様々な行動パターンが生じることがわかっています。いくつか具体的な例を挙げてみましょう。たとえば、あなたを含む全員が五〇〇〇円ずつ支払ったとします。合計額は二万五〇〇〇円となり、その倍の金額である五万円が五人全員に均等に分配されます。一人につき一万円配分されることになるので、手持ちの五〇〇〇円とあわせると、全員の金額が一万五〇〇〇円となります。これは全員がプラスになるわけですから、基本的には良いシナリオと言えるでしょう。

そしてお察しの通り、全員がもっとたくさんの金額を支出することで、それぞれが得られるリターンもより多くなります。逆に、全員がより少額の支出をした場合には、リターンも少なくなり、元の状態からあまり変わらないということになります。

しかし、当然ながらこうしたゲームを行っても、全員が同じ行動をとるわけではありません。たとえば、あなたが三〇〇〇円を支払ったとしましょう。しかし、残りの四人は一銭も払いませんでした。こうなると、あなたが支払った三〇〇〇円の二倍、六〇〇〇円が五人に一二〇〇円ずつ分配されます。結果として、あなたは八二〇〇円、他の四人は一万一二〇〇円になるわけです。どんなに人の良いあなたでも、この四人に対して腹が立つことでしょう。

こんな例も考えてみましょう。あなたを含めた三人が一切支払わずに、他の二人が四〇〇〇円ずつ支払うという状況です。合計八〇〇〇円の倍の一万六〇〇〇円が五人に三二〇〇円ずつ分配されます。お金を払わなかったあなたを含む三人は一万三二〇〇円となり、残りの二人は九二〇〇円となります。あなた方三人はまったくリスクをとらずに、お金を儲けることができたといえます。

つまり、全員が一致団結してしっかりと協力することができるならば、全員にとって良い結末を得られるはずなのですが、誰もが抜け駆けしてただ乗りをしてしまう、そういった可能性を常にはらんでいるゲームなわけです。多少の犠牲を払ってでも他者に協力しようとするメカニズムを研究する上では、非常に有用な実験パラダイムと言えるでしょう。

協力は素早い決断によっている

ランドらが報告している研究結果は非常に明快なものでした。

まず、この公共財ゲームを行っている時の反応時間を調べたところ、時間がかかった決断をしている時ほど、自身のお金の支出の割合が低いことがわかりました。素早く決断をしている時の方が協力的、つまり他者への協力は速いこころによって担われている可能性を示唆する結果です。また、彼らはそれまでの先行研究において報告されている、様々なジレンマ場面での反応時間の解析も行っています。するとやはり、素早く決断をしている時の方が協力的であるとするパターンが確認されました。

次に、彼らは公共財ゲームを用いて、実験参加者の反応時間を操作するという実験を行いました。どれくらいの金額を支出するかを、一〇秒以内に決める条件と、少なくとも一〇秒待ってから決める条件の比較です。前者の条件はじっくりと考える時間がなくなるため、より直感的、すなわち速いこころの処理に依存して意思決定がなされると考えられます。逆に、後者の条件では、遅いこころのはたらきが意思決定に大きく影響を与えると考えられます。結果として、素早く意思決定を求められる条件の方が、じっくり考える条件よりも、より多くの金額を支出する、すなわち協力的になることが示されました。

彼らはさらに、次のような興味深い知見も報告しています。公共財ゲームを行う前に、「直感にたよってうまくいったことか、じっくり考えて失敗したこと」に関する文章を書く条件と、逆に、「直感にたよって失敗したことか、じっくり考えてうまくいったこと」に関する文章を書く条件とで、協力の度合いがどのように異なるかを調べたのです。

この実験でも、これまでの成果と一貫する知見が得られました。前者の条件、つまり直感がうまくいったことを事前に考えた条件の方が、より多くの金額を支出して協力的になることが明らかになったのです。

意外な結果のように思われる方もいるかもしれませんが、他者への協力は基本的には、遅いこころというよりは速いこころが、その主たる役割を担っているようです。ランドらは人間が自発的に協力的になれる理由として、わたしたちの日常生活の多くが繰り返しであり、他者へ協力することの方が結果としては戦略上有利であることを指摘しています。

したがって、日常とは異なる状況であれば、協力することに必ずしもメリットはなく、その場合にはよく考えることによって、この協力しようとする「衝動」を抑えることが必要だとも述べています。

こうした結果からすぐに、人間の協力性を先天的であり遺伝的に組み込まれたものと結論付けるわけにはいきませんが、そういった可能性も決して否定できないわけです。実際、こうした考えを裏付けるように、生後一八ヵ月の幼児であっても自発的に他者を助けようとする行動が観察されています[3]。また日本からもつい最近、山岸俊男先生の研究グループが、ランドらの主張に合致する成果を報告しています[4]。

このランドらの研究は非常にインパクトのあるものでしたが、疑問を投げかける見解も提示されていることには注意が必要です。

たとえば最近の研究では、そもそもこうした反応時間の分析に基づいてこころのはたらきを推定するのは、「逆推論」とよばれるものであり、問題があるとする見解が提示されています[5]。反応時間の変化は様々な理由で生じるものであるため、そのデータに基づいて速いこころか遅いこころかという議論を行うことそのものが危険、というわけです。自己の利益を抑制するメカニズムについては、速いこころよりもむしろ遅いこころのはたらきの重要性を指摘する研究も、以前から報告されています[6]。このテーマについては、もうしばらく研究の蓄積と議論が必要な段階であると言えるでしょう。

寄付行為を促す脳とこころのメカニズム

自己の損失を顧《かえり》みずに、他個体に利益を与える行動は「利他的行動」とよばれるものです。こうした行動は親や子供、兄弟といった肉親であれば、特別に珍しいというわけではありません。ただし、ヒトにおいては、直接の見返りが期待できない血縁関係のない他者に対しても、このような行動が多くみられることから、そのメカニズムが議論となっています。東日本大震災後に国内外から寄せられた被災者への寄付金や義援金などは、こうしたヒトの利他的行動の典型例と言えるでしょう。

最近の研究では、いわゆる寄付行為に関わる脳活動を測定することで、こうした利他的行動のメカニズムへのアプローチが試みられています。自分のお金を他人のために支出する、という点では先ほどの協力を取り上げた研究とも似ています。ただし、寄付の場合には先ほどの例と違い、自身に分配されるお金が発生するわけではありません。その意味では、「世のため、人のため」という側面がより強い行為と言えるかもしれません。

寄付行為の脳のメカニズムを調べた研究としては、出馬《いずま》圭世《けいせ》先生が興味深い知見を発表しています[7]。この研究では、他者に見られている状況と見られていない状況において、慈善団体への寄付行為に関する行動及び脳活動が測定されています。その結果、他者に見られている場合に寄付行為が増加し、報酬の処理に関わる腹側線条体がより賦活することが確認されました。つまり、他者の目が寄付行為を促進している、というわけです。

実際、利他的行動の進化生物学的な有力な説明の一つに、社会的評判の獲得が挙げられています[8]。利他的行動をした相手から見返りがなくとも、その行動により得られる評判により、その相手以外の人物からお返しが受け取れるため、結果的に利他的行動は行為者に利益をもたらす適応的行動である、という説明です。つまり、「情けは人の為ならず」というわけです。

加えて、近年の研究では、利他的行動自体が報酬的価値を持つことを示すデータが得られています。たとえば、金銭消費と幸福感の関連を検討した研究では、他者のために金銭を消費することが幸福をもたらすことが示され［9］、この傾向は幼少期から観察されると報告されています［10］。また、慈善団体への寄付行為に着目したｆＭＲＩ研究では、自分自身が報酬をすべて受け取るときよりも、匿名での寄付行為を選択するほうが、報酬処理に関わる腹側線条体が強く活動することが報告されています［11］。

したがって、これらは金銭報酬を獲得することだけでなく、他者に与えるという行為自体に報酬的価値があることを示唆するものと言えるでしょう。加えて、ハーボーらの研究では特に興味深い知見が得られています［12］。この実験では、慈善団体への寄付が自発的に行われた場合であっても、強制的に行われた場合であっても、金銭報酬を受け取った時と類似する活動が背側及び腹側線条体に確認されています。ただし、同じように寄付額が増加する場合であっても、強制的に徴収されて寄付する場合よりも、自発的に寄付する場合のほうが、背側及び腹側線条体の活動が高いことが示されています。

寄付行為に関する一連の研究成果は、その行動が脳の報酬処理によって支えられていることを示唆しています。これらの結果は、ヒトが他者との関係性を重視する結果、個人の利益だけでなく、他者への協力に対しても報酬的価値を付与するように脳が機能していると解釈できるものです。

また、これらの結果は、本書における重要なトピックである速いこころと遅いこころの対立を考える上でも、非常に示唆に富むデータです。すなわち、他者への寄付行為が速いこころによって実現されるのか、それとも遅いこころによって実現されるのか、という点です。

前章までに示してきたように、報酬の処理に関わる脳領域の機能は、基本的には速いこころのはたらきを支えていると考えられます。上記で紹介してきた寄付行為に関わる研究では、遅いこころに関わる前頭前野の活動がまったく認められていない、というわけではありませんが、現在までの研究で重視されているのは、やはり速いこころに関わる皮質下の領域のはたらきです。先ほどの協力行動の例ともあわせて考えると、人間には自然に他者を思いやるこころが備わっている、という理想的な結論にたどりつけそうにも思えます。

正直と嘘

ここまで、人間の協力行為や寄付行為が、意外にも速いこころによって発現している可能性を説明してきました。ただし、人間の善行のすべてが、速いこころによって実現されているとは限りません。もしそうであるなら、この世の中は平和で皆が協力的で、もっと素晴らしい世界になっても不思議ではないからです。わたしたちが社会の中で生きる以上、悪いことをする誘惑に耐えて、意志の力で——つまり遅いこころのはたらきで善行にたどりつく、ということも当然あるはずです。

こうした背景を踏まえて本章の最後では、人間の数ある善行と悪行のなかでも、正直に振る舞うという善行と、嘘をつくという悪行を取り上げてみたいと思います。時と場合によっては、正直さが必ずしも善いとはいえない場面があるでしょう。同様に、嘘をつくことはどんな場合でも悪いこととは限りません。「嘘も方便」と言われる通り、他人を思いやってつく嘘など、許容される嘘もあるからです。

それでも「オオカミ少年」の寓話で表現されるように、また哲学者のカントが指摘するように、わたしたちの社会では基本的には、嘘はついてはいけないものとされ、正直であることが美徳とされています。

では、人間の正直さと不正直さの意思決定のメカニズム、特に脳のはたらきについては、どこまでわかっているのでしょうか？　これは筆者自身の最も中心的な研究テーマでもあります。これまで、人間が嘘をつく時の脳の活動パターンについては、過去一五年にわたっていくつも研究成果が報告されてきました。その多くは、正直な反応をすることが人間にとって自然な行為であり、嘘をつくといった複雑なプロセスには、前頭前野による行動の制御が必要である、という考えに沿ったものです[13,14]。

しかし、こうした嘘の神経基盤に関する先行研究の多くにおいては、嘘を科学的に研究する上では見過ごせない重要な問題点が残されています。それは実験参加者が、実験者から嘘をつくように指示されている点です。嘘をつくことが実験という特殊な環境で正当化されていれば、緊張感も罪悪感も生じません。本来、嘘は相手にばれないようにつこうとするものであり、嘘をつくことが相手にあらかじめ把握され、かつ許容されている状況では、現実世界における嘘とはいえないでしょう。

したがって、「真実とは異なる回答をする」という点は、比較的容易に実験的検討が可能ですが、自発的な嘘の神経基盤、つまり正直に振る舞うか、嘘をつくかの意思決定のメカニズムにアプローチするのはそれほど簡単ではありません。

正直者と嘘つきの脳

この問題に対し、fMRIを用いてアプローチしたのが、前章の道徳的判断の研究でも登場したグリーンらによる研究です[15]。

彼らが研究で用いているのは、コイントスを利用した、実験参加者が自発的に嘘をつくことが可能な実験パラダイムです。この課題で実験参加者は、コイントスの結果――コインが表か裏か――を予想します。予想に成功すると金銭による報酬が与えられますが、予想に失敗すると報酬が減ってしまいます。

この課題の重要なポイントは、嘘をつくことができない「機会なし」条件と、嘘をつくことができる「機会あり」条件が設定されている点です。「機会なし」条件では、実験参加者は自分のコイントスの予測、つまり表が出るか裏が出るかの予測を、ボタン押しによって記録します。一方、「機会あり」条件では、実験参加者は表が出るか裏が出るかを、自分の心の中でのみ予測します。そしてコイントスの結果が呈示された後、実験参加者は自分の予測が正しかったかどうかを、ボタン押しによって報告します。「機会なし」条件では、実験参加者があらかじめ記録した予測に基づいて、正解・不正解が決定されます。しかし「機会あり」条件では、コイントスの予測が成功したかどうかは自己申告に基づくため、本当は予想が間違っていたとしても、ズルをして嘘をつくことが可能となります。つまり、「機会あり」条件において、予測の正答率が偶然の確率を超えている場合は、その実験参加者はより多くの報酬を得るために嘘をついているとみなすことが可能なわけです。なお実験がすべて終了するまで、この課題が嘘をつくことに関わる脳のメカニズムを調べるための実験であることは、実験参加者には伝えられません。あらかじめ実験参加者には、ランダムなイベントを予測する能力に関する実験であるという内容が伝えられています。

グリーンらは、「機会あり」条件におけるコイントスの予測の正答率が高い実験参加者を嘘つきグループ、正答率が低い実験参加者（偶然の正答率である五〇パーセントに近い実験参加者）を正直者グループとして、脳活動の解析を行いました。その結果、嘘つきグループでは嘘をつく時も、正直に振る舞う時も、どちらも背外側前頭前野の活動が認められました。その一方、正直者グループが正直に振る舞う時には、背外側前頭前野の活動が認められませんでした。背外側前頭前野はこれまで何度も登場している領域ですが、自制心や行動の制御、つまり遅いこころのはたらきに関わる領域です。

これらの結果を先ほどの、「人間にとって善い行いをするのが自然なことなのか、あるいは悪い行いをするのが自然なことなのか」という議論に当てはめて考えてみたいと思います。グリーンらによる研究結果では、正直者グループについての結果は前者の考え方、つまり正直な行為は自然なことと解釈することが可能です。

というのも、正直者の正直な振る舞いは、背外側前頭前野による高次のコントロールを必要としていませんでした。つまり、意志の力でもって自身の行動を律する、といったことなく自然に正直さが発現したと解釈できるわけです。

その一方で、嘘つきグループでは正直な振る舞いと背外側前頭前野の活動との関連性が認められていました。嘘つきグループでは、正直な行為は自然と発現するというよりも、背外側前頭前野による制御によって初めて実現されるもの、ということになり、正直さと一口にいっても異なるメカニズムで発現する場合があることが示唆されたと言えるでしょう。

なお、嘘つきグループでは、嘘をつく行為においても背外側前頭前野の活動が認められていました。したがって、いわゆる嘘つきとよばれるような人たちは、正直に振る舞うのも嘘をつくのもすべて、背外側前頭前野をフル稼働させて自分にとってどういう選択がベストかを合理的に考えている、ともいえます。

ややこしくなったので、少し整理したいと思います。グリーンらの研究を踏まえると、嘘をつく行為が背外側前頭前野による高次な処理を必要とするプロセスであることに間違いはなさそうです。しかし、正直な振る舞いについては、「自然な正直さ」（正直者グループの正直さ）と「意図的な正直さ」（嘘つきグループの正直さ）が存在するようです。自然な正直さは背外側前頭前野の機能を必要としない一方、意図的な正直さは嘘をつく行為同様、背外側前頭前野の機能を必要とする、という図式が浮かび上がってきます。これらの結果からは、「人間にとって善い行いをするのが自然なことなのか、あるいは悪い行いをするのが自然なことなのか」という議論にはっきりとした結論を出すのは難しそうです。特に、同じ正直な振る舞いであっても、正直者と嘘つきではそのメカニズムが異なる可能性があるため、正直さの個人差を十分に考慮して研究を進める必要性があると言えます。

報酬への反応の違い

では、何が原因でこうした正直さの個人差が生まれるのでしょうか？　筆者はグリーンらのパラダイムを応用した研究によって、正直さの個人差を規定する脳のメカニズムを明らかにすべく、ｆＭＲ

Ｉによる研究を行いました［16,17］。

具体的には、報酬への脳の反応性の個人差が、不正直さを決定する重要な要因の一つであるという仮説を検証しています。この研究では先ほど紹介したコイントス課題に加え、報酬情報の処理に関わる脳活動を測定するための「金銭報酬遅延課題」を行いました。

この課題は第三章でご説明した課題と同じものですが、もう一度復習しておきましょう。この課題では画面に非常に短い時間、特定の図形が呈示され、その間にうまくボタンを押すことができれば金銭的な報酬を獲得できます。図形が呈示される直前の時点での脳活動を解析することで、報酬を期待する際の脳活動、特に報酬情報の処理に重要な側坐核の活動を特定することが可能です。筆者らの研究では、この側坐核の活動を報酬への反応性の個人差の指標として解析を行いました。

得られた結果は以下の二点です（図6—2）。まず、金銭報酬遅延課題での報酬期待に関わる側坐核の活動が高い実験参加者ほど、コイントス課題において嘘をつく割合が高いことが明らかとなりました。さらに、金銭報酬遅延課題での側坐核の活動が高い実験参加者ほど、コイントス課題で嘘をつかずに正直な振る舞いをする際に、背外側前頭前野の活動が高いことも明らかとなりました。

つまり、報酬への反応性の個人差（本研究では側坐核の活動の個人差）が、正直さの個人差とその背景にある脳のメカニズムを、ある程度規定する可能性を示唆しているのです。言い換えると、自然な正直さを発現するか、意志の力で正直さを発現するかが、その個人の報酬への反応性に依存する、とも解釈できます。

この研究成果を踏まえると、先ほど紹介したグリーンらの研究における「自然な正直さ」（正直者

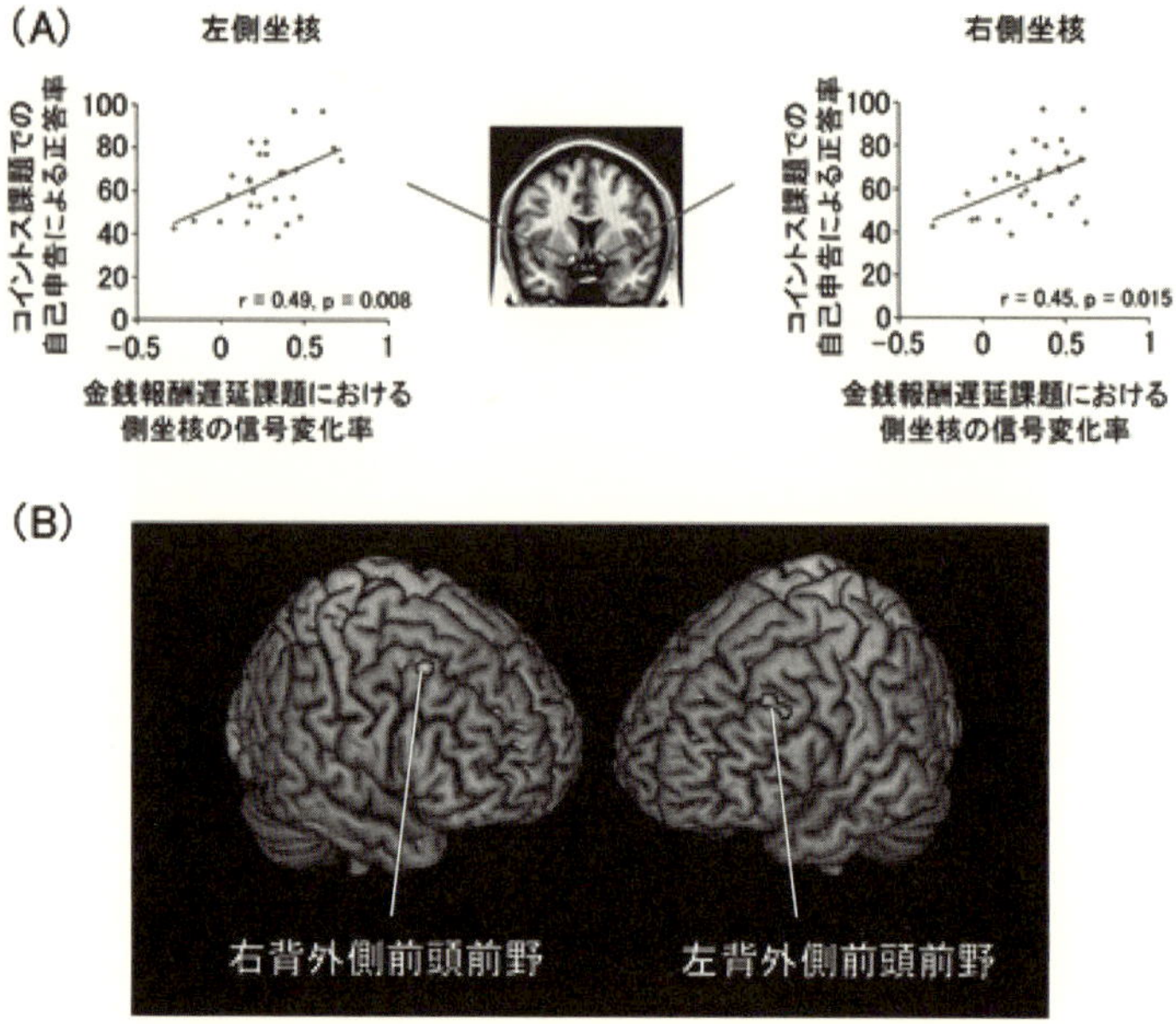

図6－2
(A) 報酬への反応性と不正直な行為の頻度との正の相関　横軸は金銭報酬遅延課題での報酬期待に関わる側坐核の活動を、縦軸はコイントス課題での自己申告による正答率（＝嘘をついている頻度）を示している。
(B) 報酬への反応性と正の相関を示した、正直な振る舞いに関わる背外側前頭前野の活動。[17]を改変。

グループの正直さ）と「意図的な正直さ」（嘘つきグループの正直さ）を、一つの統一的な枠組みで理解することが可能になります。これら二種類の正直さというのは、何のつながりもない別々のこころのはたらきというよりも、報酬への反応性という軸がどちらにふれるか、ということによって説明できるからです。

報酬への反応性が低い個人は自然に正直に振る舞えるのに対し、報酬への反応性が高い個人は正直に振る舞う際に意志の力を必要としており、この違いは連続的なものとしてとらえることができるのです。したがって、人間にとって正直に振る舞うという善行は、自然に行える場合もそうでない場合もあり、「人間にとって善い行いをするのが自然なことなのか、あるいは悪い行いをするのが自然なことなのか」という議論は、引き分けということになります。ただし、これは単に論争に決着がつかないという意味での引き分けではありません。どちらの考えも、心理学と脳科学によるアプローチからは正当性が確認され、かつ両者を統合的に理解する枠組みが提案されているのです。

本章でたびたび取り上げてきた二種類のこころのはたらきと照らし合わせてみると、速いこころの個人差によって、遅いこころがどのように働くかが影響を受け、その最終的な結果として意思決定が行われる、とも言えるでしょう。

人間の本性の科学的理解へ向けて

本章は人間の本性という大きなテーマに対して、既存の心理学と脳科学の研究成果をもとに議論するという、やや挑戦的な試みでした。これまで紹介してきた通り、最近の心理学と脳科学の研究成果からは、人間の本性を議論する多くの手掛かりが提示されていると言えるのではないでしょうか。

本章での大事なことをおさらいすると、次のようになります。まず、協力行為や寄付行為にみられるように、人間の善行は思いのほか、速いこころによって実現されている可能性があるということです。これは人間が他者との共存を有効な戦略として利用するために組み込まれた、生得的なこころのメカニズムである可能性もあります。ただし、これは遅いこころが人間の善行に関わっていない、というわけではありません。速いこころ、遅いこころ、両方のはたらきが重要なわけですが、最新の研究からは両者を統合して理解できる枠組みが提示されています。つまり、何らかの個人の特性によって、ある善行を発現する際に、速いこころが優位になるか、遅いこころが優位になるかが決定されている、ということです。

こうした研究は、次章でも議論する速いこころと遅いこころの相互作用のメカニズムの解明につながるだけでなく、古来からの人間の本性に関する人文科学的な議論を進める一助にもなり得るものです。性善説や性悪説といった一見相反する人間観に対し、自然科学の視点から新しい議論を提案することが、近年の心理学と脳科学の研究からは可能になっているのです。ヒトを対象とした脳とこころの研究のなかでも、今後の展開が最も期待される分野の一つと言えます。

第七章

「遅いこころ」は「速いこころ」をコントロールできるのか?

現代社会におけるこころと脳の限界

前章まで で、人間の「速いこころ」と「遅いこころ」がどのように働くことで意思決定につながるかを、心理学と脳科学の研究成果を通じてご紹介してきました。

ここで、本書で提起している一番大切な疑問に戻りたいと思います。わたしたち人間は、理性や自制心によって情動や欲求をコントロールできる存在なのでしょうか？　先に結論を言ってしまうと、必ずしも白黒はっきりさせることはできないのですが、過去の知見を整理した上で、現時点でわたしが考えていることを、本章で説明したいと思います。

通常は、速いこころと遅いこころの両者がうまくバランスを取りながら、わたしたちの意思決定を導いています。皮質下で生じる情動や欲求を、主に前頭前野による理性や自制心のはたらきでコントロールしているのです。ところが、時としてそのバランスが崩れてしまうこと、あるいは意思決定の種類によっては、はじめから「遅いこころ」が関与しないものもあるようです。それは一部の人にだけ起こる、特殊なことではありません。お金を使う、あるいは恋愛をするといった、わたしたち全員が社会生活を営む上で行うごく日常的な意思決定のなかでも、わたしたちは自分自身を必ずしもコントロールできない場面がたくさんあるのです。

人間が万能ではない以上、当然かもしれませんが、わたしたちの意思決定を担うこころのはたらき、そして脳のシステムには、限界が存在するという考えもあるでしょう。あるいは、わたしたちのこころのはたらきと脳のシステムが、現代社会に追いついていないと考えられるかもしれません。

現代社会は著しく科学技術が発達したことにより、生活スタイルには大きな変化が生じ、従来は必要とされなかった様々な意思決定を迫られる場面が増えています。また、高度に複雑化した情報社会を迎えたがために、日常的に膨大な情報にさらされています。

当然ながら、狩猟・採集生活をしていた頃と比べれば、意思決定の質も量も、大きく異なっていると言えるでしょう。現代ほど情報量が多くなく、また意思決定の多くが生存に関わるものであれば、理性を必要としない、情動的・直感的な意思決定の方が効率が良かったのかもしれません。たとえば、お金というものがそもそも存在しない古代の生活では、投資の失敗につながるような状況自体がないわけなので、第三章で紹介したような損失回避傾向による失敗例は考える必要もないわけです。

速いこころの重要性

情動や欲求を理性や自制心でうまく制御できない、という状況はたしかに存在します。速いこころのはたらきは非常に強力です。たとえそういったメカニズムが人間にはある、と事前にわかっていたとしてもです。既に本書でも紹介した通り、カーネマンはシステム1のはたらきを、システム2でコントロールすることはきわめて困難であると考え、悲観的な見通しを示しています。

カーネマンは著書の中で、どうすれば客観的で合理的な意思決定をできるかについて、こう述べています［1－3］。

一言で言えば、よほど努力をしない限り、ほとんど成果は望めない（『ファスト&スロー』下巻p.330）。

私たちにできる最善のことは妥協にすぎない（『ファスト&スロー』上巻 p. 56)。

自身の行動を自身の意志によって制御する、という一見簡単そうなことが、非常に難しいことと考えられているのです。

なお、本書ではこれまで取り上げてきませんでしたが、意思決定を支える脳のメカニズムの研究を牽引してきた一人として、神経学者のアントニオ・ダマシオがいます。彼は遅いこころのはたらきを軽視しているわけではありませんが、様々な研究成果をもとにカーネマン同様、意思決定における情動、つまり速いこころのはたらきを重視する立場をとっています。

意思決定における身体

その代表的な成果として、アイオワ・ギャンブリング課題とよばれる非常に有名な実験を用いた研究をここで紹介します［4］。

この課題では、実験参加者に四つのカードのデッキが呈示されます。参加者は一枚ずつ、四つのデッキのいずれかからカードを引いていくのですが、一枚引くごとに手持ちのお金が増えたり減ったりします。もちろん参加者はお金が減るのは嫌ですから、できるだけたくさんお金を稼ごうとします。ポイントは、四つのデッキの違いです。実は二つのデッキは「悪いデッキ」で、長期的に見れば収支はマイナスになるようにできています。一方、残り二つのデッキは「良いデッキ」で、長期的に見ればば収支はプラスになるようにできています。二〇枚目くらいまでは、どのカードデッキが有利かについての判断は手探り状態ですが、通常は五〇枚も引けば、どのデッキが良いか勘が働くようになり、八〇枚目くらいになれば、どのデッキが有利かがはっきりとわかります。

この研究で興味深いのは、第五章でも登場した「皮膚電位反応」とよばれる情動の指標となるデータです。手の発汗によって変化する皮膚電位を測定することで、客観的に情動が喚起されたことを測定する手法です。彼らの実験では、どのデッキが良いかまだ手探り状態の時点で既に、危険なデッキを選ぶ時に皮膚電位反応が上昇するという結果が報告されているのです。危険性をはっきりと意識する前から体が反応している証拠であり、意識にはのぼってこない速いこころのはたらきをとらえたものと言えるでしょう。

さらに興味深い知見として、眼窩前頭皮質の損傷がある患者は、理屈では悪いデッキを引いたら最終的には損だということがわかっているのに、悪いデッキからカードを引き続けてしまうことが報告されています。そして、こうした行動と対応するように、眼窩前頭皮質の損傷がある患者では、皮膚電位反応の変化もみとめられないのです。

ダマシオはこうした知見をもとに、意思決定における身体の存在を重要視し、外部からの刺激によって生じる生理的反応(ドキドキする、口が渇く等)が意思決定のプロセスを支えているとする仮説を提唱しました。ソマティック・マーカー(身体的信号)仮説とよばれるこの仮説は今なお、意思決定の研究において非常に影響力のある仮説の一つです[5,6]。

ソマティック・マーカー仮説では、わたしたち人間は必ずしも遅いこころのはたらきで意思決定しているのではなく、むしろ速いこころが非常に重要な役割を担っている、という点が強調されています。実際、危機的な状況に直面してまず駆動されるのが速いこころである以上、意識にはのぼらなかったとしても、意思決定において速いこころが大きな役割を占めるのは理にかなった仕組みと言えるでしょう。研究分野の違いがあるにせよ、本質的な部分ではダマシオの主張とカーネマンの主張は、一貫したものとしてとらえることが可能です。

俯瞰的に脳を使うことで、遅いこころは速いこころを超越できる

速いこころがわたしたちの意思決定に重要な役割を担うといっても、遅いこころ、すなわち理性や自制心でわたしたちの行動が制御できないとすると、夢も希望もないように聞こえてしまいます。

ただし、道徳的判断の研究を行っているグリーンは、この点については比較的楽観的な見通しを持っています。彼は理性の力で、一人を犠牲にしてでも五人を助けることを是とするような、功利主義的な判断が可能になると考えているわけですが、彼の意見によれば、理性の力でできることはそれだけにとどまりません。彼は著書『モラル・トライブズ』の中で、理性の力が文化や宗教、そして道徳的価値観に違いのある集団間の葛藤や対立の解消にも寄与できると主張しています［7－9］。

グリーンは、わたしたちのこころはカメラのようなものであると述べています。カメラにはオートモードという自動ピント調節の機能と、マニュアルモードという手動のピント合わせの機能が存在します。オートモードでは素早く被写体を撮影することができます。マニュアルモードはより細かいピントの調整ができますが、撮影には時間がかかります。グリーンの主張は、オートモードが速いこころの機能に、マニュアルモードが遅いこころの機能に対応する、というものです。

通常はオートモードに任せておけば、素早く効率的な撮影ができる、つまり通常の意思決定では情動のはたらきにまかせておいて問題はないということです。ただし、オートモードでは、細かい部分のピント合わせは苦手です。細かな調整の必要がある場合にはマニュアルモードの機能を使う、つまり場合によっては理性のはたらきを意識して使う必要があるということです。

わたしたちのこころのはたらきをカメラに例えるのは、非常にわかりやすいもので、多くの意思決定場面において参考になる考え方でしょう。いつもマニュアルモードを使っていては、時間がかかって面倒なだけで、写真を撮ることが苦痛になってしまうかもしれません。つまり、いつも理性的に物事を考えるばかりでは、タイムリーな意思決定はできないでしょうし、心理的にも大きな負担になると考えられます。とはいえ、いつもオートモードを使っていると、肝心の被写体を撮影する時に、ベストの一枚を撮れなくなってしまいます。わたしたちの意思決定においても、ここぞという時には理性の力を効率的に駆使する必要があります。グリーンはこのマニュアルモード、つまり遅いこころのはたらきを信頼しているのです。

> マニュアルモードの論理的思考を、自分たちの道徳感情を記述したり合理化したりするために利用すれば、袋小路に陥るだろう。必要なのは、オートモードの産物を系統立てたり、正当化したりすることではない。それを超越することだ（『モラル・トライブズ』下巻　p. 470）。

他にも、遅いこころのはたらきを信頼している研究者がいます。マシュマロテストの発案者であるミシェルは、その代表とも言えます［10,11］。彼の一連の研究では、自制心を効率的に使える方法があり、それをわたしたちが意識して使うことが可能であることが明確に示されています。しかも、それは長期的なトレーニングを必要とするわけでもなく、大人じゃないとできない、といった方法でもありません。幼児であっても、ちょっと工夫をすることで、欲求充足の先延ばしができるようになることは、第二章で紹介したとおりです。ミシェルはこう述べています。

私たちは、将来どういう人間になるかを決める、固定された不変の特性の束を抱えてこの世に生を受けるのではない（『マシュマロ・テスト』p. 306）。

ミシェルは自制心を、グリーンは道徳性を対象としていて、それぞれの研究分野は必ずしも重なるわけではないのですが、実は両者の主張を注意深く見てみると、興味深い共通点が浮かび上がってきます。それは、人間の遅いこころと速いこころの存在を把握し、俯瞰的な視点に立って遅いこころを使うことではじめて、速いこころのコントロールが可能になる、という点です。

たとえば、ミシェルは自制心が簡単に機能すると考えているわけではありません。目の前にマシュマロがある状況で、真っ向からその誘惑にぶつかっても勝ち目はなく、自分の欲求を制御するのは難しいのです。しかし、そういった人間の特徴を理解した上で、欲求のコントロールがしやすい状況に意図的にもちこむこと、具体的には、欲求の対象を抽象化したり、欲求の対象から意図的に気をそらすことが重要と考えているのです。自制心そのものを最大限発揮するというよりは、自制心が最大限発揮できるように環境を整える、というイメージで良いでしょう。遅いこころそのもので意思決定を行うというよりは、遅いこころをうまく利用してより良い意思決定を行う、ということです。

グリーンの主張は、上記の点についてより直接的と言えるかもしれません。彼はオートモードとマニュアルモードを切り替える存在、つまり速いこころと遅いこころを俯瞰的な視点でとらえる主体の存在を仮定し、両者を使い分けることを提唱しています。この場合も、単にマニュアルモードで意思決定を行うというよりは、マニュアルモードを利用してより良い意思決定を行う、といった表現の方が、より的確でしょう。

遅いこころは海馬を制御する

私自身もグリーンやミシェルらの意見に賛成ですが、少し違う視点も提供したいと思います。それは遅いこころが、時として驚くべき制御能力を発揮することがある、という点についてです。

このことを痛烈に感じたのは、わたしの共同研究者で神経内科医の菊池大一先生が行った解離性健忘の患者を対象としたｆＭＲＩのデータを解析していた時のことです［12］。解離性健忘とは、脳の損傷ではなく主に精神的ストレスが契機となり、過去の記憶を想起することができない状態をいいます。患者は借金や家族間の不和、仕事上のトラブルなど、忘れてしまいたい事情を抱えていることが多いのです。

菊池先生の研究では二例の解離性健忘の患者を対象に、想起できなくなってしまった情報を呈示された際の脳のはたらきを、ｆＭＲＩを用いて調べました。その結果、二例とも記憶の想起の障害に、背外側前頭前野の活動の増加と、記憶処理に重要な海馬の活動の減少が関連していました。そして一例は解離性健忘が改善すると共にそのような脳活動の変化は消失し、もう一例では解離性健忘は改善せず、そのような活動パターンにも変化はみられませんでした。これらの所見は、背外側前頭前野の機能、つまり遅いこころによる制御で海馬の活動低下がもたらされ、過去の記憶想起の抑制を生じさせていることを示唆しています。こうした現象は、健常者における意図的な記憶の忘却を調べた研究成果とも合致しています[13]。

つまり、遅いこころのはたらきは、特定の記憶が意識に入って来ないようにするほど、強力に作用している可能性があるわけです。かつてフロイトが提唱した防衛機制の中の抑圧、つまり実現不可能な欲求や苦痛の体験を無意識の中に追いやろうとする過程にも通じるものがあります。もちろん、これは意識して自在にできることではないため、わたしたちの日常生活にはあまり直接的な関係はないかもしれませんが、遅いこころによるコントロールはわたしたちが考える以上に、強力な機能を持っていると考えても良さそうです。

もちろん、遅いこころによるコントロールは、極端な例では良い面も悪い面も、両方ありえます。遅いこころのはたらきを通じて、想像を絶するほどの過酷な試練や修行に耐えることができる人もいるでしょう。ところが、生きるという生存本能をも否定する行為に走る人もいます。したがって、遅いこころに頼りすぎるのではなく、あくまで上手に使う必要があるということも忘れてはいけません。

それでもやはり、どう頑張っても遅いこころによるコントロールが効かない場面があるのも事実です。たとえば第三章で紹介した損失回避傾向は、理屈でわかっていても変えることのできない、速いこころのはたらきの一例です。結局のところ、様々な種類の直感的・自動的・情動的反応、すなわち速いこころを、どういった状況であれば俯瞰的な視点でもってコントロールできるのか、それが明確にはわかっていないわけです。したがって、わたしは以下で述べるように、「脳の取扱説明書」こそが必要なのではないかと考えています。

脳の取扱説明書

ミシェルとグリーンはどちらも、わたしたち人間の意思決定のメカニズムの基礎を理解した上で、少し工夫することで、遅いこころと速いこころのバランスを保つことができることを主張していると言えます。

しかし、理性と情動のバランスがどうにも取れない意思決定の局面はたしかに存在します。そこで無理に理性を働かせようとしても、決してうまくいくことはありません。むしろ、事前にそういった弱点があることを知っておくことで、意思決定を意図的に遅らせたり、あるいは他者からの意見を参考にしたり、といったより適切な意思決定にたどり着ける可能性が高まることでしょう。グリーンのたとえを使うならば、マニュアルモードとオートモードの機能をよく理解し、カメラが必ずしも万能ではないことを知るのが重要ということです。したがって、脳とこころの限界を理解するための、脳の取扱説明書を作ることが非常に重要と考えられるわけです。

速いこころと遅いこころは、どのような役割を持っているのか。両者はどのような長所と短所を持っているのか。どのような脳のシステムによって担われているのか。どういう状況であれば、速いこころに任せておけば良いのか。いつどこで、遅いこころのはたらきが必要になるのか。これらは脳の取扱説明書の前半、基礎編に該当します。既に、これまでの研究である程度はわかってきている内容であり、本書でも詳しく取り上げてきました。

後半からは応用編になります。まずは、遅いこころで速いこころをコントロールするのは、それほど簡単ではないことをよく説明する必要があります。ただし、遅いこころが働きやすい環境を作ってあげることで、その状況は劇的に改善することも、理解することが重要です。さらに、そもそも遅いこころがまったく働けない場面があることも、この応用編では丁寧に説明する必要があります。いついかなる時でも、速いこころと遅いこころの両者が機能するわけでないことを、よく知る必要があります。

ひょっとすると読者の中には、人間の脳とこころのメカニズムを知ることで、デメリットがあることを危惧する人がいるかもしれません。限界点を知ることによって、悲観的な見通ししか持てなくなってしまうのではないかという意見もあるでしょう。タネを知ってしまってマジックが楽しめなくなるのと同じように、人生を楽しめなくなると感じる人もいるかもしれません。

しかし、このような心配は杞憂にすぎません。実際、こういったこころのはたらきのメカニズムを知っておくことは、こころのバランスを保つ上ではきわめて有益と考えられています。わたしたちの意思決定には、主に速いこころの仕業によって様々なバイアスがかかっているわけですが、それをあらかじめ把握しておくことで、不要なトラブルを避けることが可能です。自分の意思決定をうまくコントロールできるようになれば、それは良い意味での自信にもつながっていくものです。こうしたことは、何も意思決定のメカニズムに限りません。たとえばわたしたちの記憶能力は、ビデオカメラのように正確なものではなく、後から再構成されるものだということが、多くの記憶研究から明らかになっています。この事実を正しく受け止めることで、自分自身の思い違いに気をつけたり、他人の思い違いに寛容になることができるでしょう。だからといって、自分の楽しい思い出が色あせることはありません。

最後に、ここで本書で主張する最も重要なことをまとめたいと思います。「遅いこころ」は「速いこころ」をコントロールできるのか？

この問いに対して現時点で筆者は、「俯瞰的に二つのこころのはたらきをとらえ、遅いこころをサポートすることで、多くの場面ではコントロールが可能」としたいと思います。そしてこのこころのはたらきをより正確に理解し、より正しく使用するために、脳の取扱説明書が必要、ということをもう一度述べておきたいと思います。

ただし、残念ながらこの取扱説明書が完成するのは、当分先のことになりそうです。本書で紹介してきたような意思決定のメカニズムについては、多くのことがわかってきてはいるものの、脳のはたらき、こころのはたらきには、まだまだわからないことがたくさんあるからです。わたしも日々の研究を通じて、少しでもみなさんの決断や判断、意思決定が満足のいくものとなるように、脳の取扱説明書の完成に少しずつ近づいていきたいと思います。

引用文献

はじめに

1 Aoki, T., et al., *Imaging of neural ensemble for the retrieval of a learned behavioral program.* Neuron, 2013. 78(5): pp. 881-894.

2 Clayton, N.S. and A. Dickinson, *Episodic-like memory during cache recovery by scrub jays.* Nature, 1998. 395(6699): pp. 272-274.

第1章

1 Stanovich, K.E., *Who is rational? studies of individual differences in reasoning.* 1999, Mahwah, NJ: Elrbaum.

2 Stanovich, K.E. and R.F. West, *Individual differences in reasoning: implications for the rationality debate,* Behav. and Brain Sci. 2000. 23(5): pp. 645-665; discussion 665-726.

3 Kahneman, D., *Thinking, Fast and Slow.* 2011, New York: Farrar, Straus and Giroux.

4 ダニエル・カーネマン『ファスト&スロー　あなたの意思はどのように決まるか？（上）』二〇一二、早川書房。

5 ダニエル・カーネマン『ファスト&スロー　あなたの意思はどのように決まるか？（下）』二〇一二、早川書房。

6 Schneider, W. and R. Shiffrin, *Controlled and automatic human information processing: I. detection, search, and attention.* Psychol Rev, 1977. 84: pp. 1-66.

7 Shiffrin, R. and W. Schneider, *Controlled and automatic human information processing: II. perceptual learning, automatic attending, and a general theory.* Psychol Rev, 1977. 84: pp. 127-190.

8 Evans, J.S.B.T., *Heuristic and analytic processes in reasoning.* Br J Psychol, 1984. 75: pp. 451-468.

9 Lieberman, M., et al., *Reflexion and reflection: a social cognitive neuroscience approach to attributional inference.* Adv Exp Soc Psychol, 2002. 34: pp. 199-249.

10 Evans, J.S.B.T., *Dual-processing accounts of reasoning, judgment, and social cognition.* Ann Rev Psychol, 2008. 59: pp. 255-278.

11 山鳥重『知・情・意の神経心理学』二〇〇八、青灯社。

12 Stroop, J.R., *Studies of interference in serial verbal reactions.* J Exp Psychol, 1935. 18: pp. 643-662.

13 Frederick, S., *Cognitive reflection and decision making.* J Econ Perspect, 2005. 19(4): pp. 25-42.

14 Tsai, L.L., et al., *Impairment of error monitoring following sleep deprivation.* Sleep, 2005. 28(6): pp. 707-713.

15 Jennings, J.R., T.H. Monk, and M.W. van der Molen, *Sleep deprivation influences some but not all processes of supervisory attention.* Psychol Sci, 2003. 14(5): pp. 473-479.

16 Hull, J.G., *A self-awareness model of the causes and effects of alcohol consumption.* J Abnorm Psychol, 1981. 90(6): pp. 586-600.

17 Baumeister, R.F., et al., *Ego depletion: is the active self a limited resource?* J Pers Soc Psychol, 1998. 74(5): p. 1252-1265.

18 Baumeister, R.F., M. Muraven, and D.M. Tice, *Ego depletion: a resource model of volition, self-regulation, and controlled processing.* Soc Cogn, 2000. 18: pp. 130-150.

19 Gailliot, M.T., et al., *Self-control relies on glucose as a limited energy source: will power is more than a metaphor.* J Pers Soc Psychol, 2007. 92(2): pp. 325-336.

20 Inzlicht, M., B.J. Schmeichel, and C.N. Macrae, *Why self-control seems (but may not be) limited.* Trends Cogn Sci, 2014. 18(3): pp. 127-133.

21 Kurzban, R., *Does the brain consume additional glucose during self-control tasks?* Evol Psychol, 2010. 8(2): pp. 244-

259.
22 Molden, D.C., et al., *Motivational versus metabolic effects of carbohydrates on self-control.* Psychol Sci, 2012. 23(10): p. 1137-1144.
23 Hagger, M.S. and N.L. Chatzisarantis, *The sweet taste of success: the presence of glucose in the oral cavity moderates the depletion of self-control resources.* Pers Soc Psychol Bull, 2013. 39(1): pp. 28-42.
24 Sanders, M.A., et al., *The gargle effect: rinsing the mouth with glucose enhances self-control.* Psychol Sci, 2012. 23(12): pp. 1470-1472.
25 Gailliot, M.T. and R.F. Baumeister, *The physiology of willpower: linking blood glucose to self-control.* Pers Soc Psychol Rev, 2007. 11(4): pp. 303-327.
26 Tuk, M.A., D. Trampe, and L. Warlop, *Inhibitory spillover: increased urination urgency facilitates impulse control in unrelated domains.* Psychol Sci, 2011. 22(5): pp. 627-633.
27 Benson-Amram, S. and K.E. Holekamp, *Innovative problem solving by wild spotted hyenas.* Proc Biol Sci, 2012. 279(1744): pp. 4087-4095.
28 Drea, C.M. and A.N. Carter, *Cooperative problem solving in a social carnivore.* Animal Behaviour, 2009. 78: pp. 967-977.
29 Clayton, N.S. and A. Dickinson, *Episodic-like memory during cache recovery by scrub jays.* Nature, 1998. 395(6699): pp. 272-274.
30 Keren, G. and Y. Schul, *Two is not always better than one: a critical evaluation of two-system theories.* Perspect Psychol Sci, 2004. 4: pp. 533-550.
31 Kruglanski, A.W. and G. Gigerenzer, *Intuitive and deliberate judgments are based on common principles.* Psychol Rev, 2011. 118(1): pp. 97-109.

32 Osman, M., *An evaluation of dual-process theories of reasoning*. Psychon Bull Rev, 2004. 11(6): pp. 988-1010.

第二章

1 Mischel, W., *The Marshmallow Test: Mastering Self-Control*. 2014, New York: Little, Brown and Company.

2 ウォルター・ミシェル『マシュマロ・テスト　成功する子・しない子』二〇一五、早川書房。

3 Mischel, W., Y. Shoda, and M.I. Rodriguez, *Delay of gratification in children*. Science, 1989. 244(4907): pp. 933-938.

4 Mischel, W., Y. Shoda, and P.K. Peake, *The nature of adolescent competencies predicted by preschool delay of gratification*. J Pers Soc Psychol, 1988. 54(4): pp. 687-696.

5 Shoda, Y., W. Mischel, and P.K. Peake, *Predicting adolescent cognitive and self-regulatory competencies from preschool delay of gratification: identifying diagnostic conditions*. Dev Psychol, 1990. 26(6): pp. 978-986.

6 Schlam, T.R., et al., *Preschoolers' delay of gratification predicts their body mass 30 years later*. J Pediatr, 2013. 162(1): pp. 90-93.

7 Ayduk, O., et al., *Regulating the interpersonal self: strategic self-regulation for coping with rejection sensitivity*. J Pers Soc Psychol, 2000. 79(5): pp. 776-792.

8 Ogawa, S., et al., *Brain magnetic resonance imaging with contrast dependent on blood oxygenation*. Proc Natl Acad Sci U S A, 1990. 87(24): pp. 9868-9872.

9 Casey, B.J., et al., *Behavioral and neural correlates of delay of gratification 40 years later*. Proc Natl Acad Sci U S A, 2011. 108(36): pp. 14998-15003.

10 Barton, R.A. and C. Venditti, *Human frontal lobes are not relatively large*. Proc Natl Acad Sci U S A, 2013. 110(22): pp. 9001-9006.

11 Gabi, M., et al., *No relative expansion of the number of prefrontal neurons in primate and human evolution*. Proc

Natl Acad Sci U S A, 2016.
12 Casey, B.J., et al., *Imaging the developing brain: what have we learned about cognitive development?* Trends Cogn Sci, 2005. 9(3): pp. 104-110.
13 Macmillan, M., *An odd kind of fame: stories of Phineas Gage.* 2000, Cambridge: MIT Press.
14 坂井克之『前頭葉は脳の社長さん？ 意思決定とホムンクルス問題』二〇〇七、講談社。
15 Klüver, H. and P.C. Bucy, *"Psychic blindness" and other symptoms following bilateral temporal lobectomy in Rhesus monkeys.* Am J Physiol, 1937. 119: pp. 352-353.
16 Adolphs, R., et al., *Impaired recognition of emotion in facial expressions following bilateral damage to the human amygdala.* Nature, 1994. 372(6507): pp. 669-672.
17 Shiv, B. and A. Fedorikhin, *Heart and mind in conflict: the interplay of affect and cognition in consumer decision making.* J Consum Res, 1999. 26: pp. 278-292.
18 Lopez, R.B., et al., *Neural predictors of giving in to temptation in daily life.* Psychol Sci, 2014. 25(7): pp. 1337-1344.
19 Mischel, W. and E.B. Ebbesen, *Attention in delay of gratification.* J Pers Soc Psychol, 1970. 16(2): pp. 329-337.
20 Mischel, W., E.B. Ebbesen, and A.R. Zeiss, *Cognitive and attentional mechanisms in delay of gratification.* J Pers Soc Psychol, 1972. 21(2): pp. 204-218.
21 Mischel, W. and B. Moore, *Effects of attention to symbolically presented rewards on self-control.* J Pers Soc Psychol, 1973. 28(2): pp. 172-179.
22 Moore, B., W. Mischel, and A.R. Zeiss, *Comparative effects of the reward stimulus and its cognitive representation in voluntary delay.* J Pers Soc Psychol, 1976. 34(3): pp. 419-424.
23 Mischel, W. and C.J. Patterson, *Substantive and structural elements of effective plans for self-control.* J Pers Soc Psychol, 1976. 34(5): pp. 942-950.

24 Patterson, C.J. and W. Mischel, *Effects of temptation-inhibiting and task-facilitating plans on self-control.* J Pers Soc Psychol, 1976. 33(2): pp. 209-217.

25 Gollwitzer, P.M., *Goal achievement: the role of intentions.* Eur Rev Soc Psychol, 1993. 4(1): pp. 141-185.

26 Gollwitzer, P.M., *Implementation Intentions: strong effects of simple plans.* Am Psychol, 1999. 54(7): pp. 493-503.

27 Gollwitzer, P.M. and V. Brandstätter, *Implementation intentions and effective goal pursuit.* J Pers Soc Psychol, 1997. 73(1): pp. 186-199.

28 Stadler, G., G. Oettingen, and P.M. Gollwitzer, *Intervention effects of information and self-regulation on eating fruits and vegetables over two years.* Health Psychol, 2010. 29(3): pp. 274-283.

29 Gawrilow, C., P.M. Gollwitzer, and G. Oettingen, *If-then plans benefit delay of gratification performance in children with and without ADHD.* Cogn Ther Res, 2011. 35: pp. 442-455.

30 Cochran, W. and A. Tesser, *The "what the hell" effect: some effects of goal proximity and goal framing on performance, in Striving and feeling: Interactions among goals, affect, and self-regulation.* L.L. Martin and A. Tesser, Editors. 1996, Erlbaum: Hillsdale, NJ. pp. 99-120.

31 Herman, C.P. and D. Mack, *Restrained and unrestrained eating.* J Pers S, 1975. 43(4): pp. 647-660.

32 Damasio, H., et al., *The return of Phineas Gage: clues about the brain from the skull of a famous patient.* Science, 1994. 264(5162): pp. 1102-1105.

第三章

1 Knutson, B., et al., *Anticipation of increasing monetary reward selectively recruits nucleus accumbens.* J Neurosci, 2001. 21(16): p. RC159.

2 Knutson, B., et al., *Dissociation of reward anticipation and outcome with event-related fMRI.* Neuroreport, 2001.

12(17): pp. 3683-3687.

3 Breiter, H.C., et al., *Functional imaging of neural responses to expectancy and experience of monetary gains and losses.* Neuron, 2001. 30(2): pp. 619-639.

4 Frederick, S., *Cognitive reflection and decision making.* J Econ Perspect, 2005. 19(4): pp. 25-42.

5 McClure, S.M., et al., *Separate neural systems value immediate and delayed monetary rewards.* Science, 2004. 306(5695): pp. 503-507.

6 de Ruiter, M.B., et al., *Similar hyporesponsiveness of the dorsomedial prefrontal cortex in problem gamblers and heavy smokers during an inhibitory control task.* Drug Alcohol Depend, 2012. 121(1-2): pp. 81-89.

7 van Holst, R.J., et al., *Distorted expectancy coding in problem gambling: is the addictive in the anticipation?* Biol Psychiatry, 2012. 71(8): pp. 741-748.

8 Balodis, I.M., et al., *Diminished frontostriatal activity during processing of monetary rewards and losses in pathological gambling.* Biol Psychiatry, 2012. 71(8): pp. 749-757.

9 Tsurumi, K., et al., *Insular activation during reward anticipation reflects duration of illness in abstinent pathological gamblers.* Front Psychol, 2014. 5: p. 1013.

10 Sescousse, G., et al., *Imbalance in the sensitivity to different types of rewards in pathological gambling.* Brain, 2013. 136(Pt 8): pp. 2527-2538.

11 Ariely, D., *The (Honest) Truth About Dishonesty: How We Lie to Everyone — Especially Ourselves.* 2012, New York: HarperCollins.

12 ダン・アリエリー『ずる　嘘とごまかしの行動経済学』二〇一二、早川書房。

13 Mead, N.L., et al., *Too Tired to Tell the Truth: Self-Control Resource Depletion and Dishonesty.* J Exp Soc Psychol, 2009. 45(3): pp. 594-597.

14 Shiv, B. and A. Fedorikhin, *Heart and mind in conflict: the interplay of affect and cognition in consumer decision making*. J Consum Res, 1999. 26: pp. 278-292.

15 Kouchaki, M. and I.H. Smith, *The morning morality effect: the influence of time of day on unethical behavior*. Psychol Sci, 2014. 25(1): pp. 95-102.

16 Shalvi, S., O. Eldar, and Y. Bereby-Meyer, *Honesty requires time (and lack of justifications)*. Psychol Sci, 2012. 23(10): pp. 1264-1270.

17 Anderson, S.W., et al., *Impairment of social and moral behavior related to early damage in human prefrontal cortex*. Nat Neurosci, 1999. 2(11): pp. 1032-1037.

18 Zhu, L., et al., *Damage to dorsolateral prefrontal cortex affects tradeoffs between honesty and self-interest*. Nat Neurosci, 2014. 17(10): pp. 1319-1321.

19 Kahneman, D. and A. Tversky, *Prospect theory: an analysis of decision under risk*. Econometrica, 1979. 47(2): pp. 263-291.

20 Tom, S.M., et al., *The neural basis of loss aversion in decision-making under risk*. Science, 2007. 315(5811): pp. 515-518.

第四章

1 Wang, A.Y. and H.T. Nguyen, *Passionate love and anxiety: a cross-generational study*. J Soc Psychol, 1995. 135(4): pp. 459-470.

2 Jankowiak, W.R. and E.F. Fischer, *A cross-cultural perspective on romantic love*. Ethnology, 1992. 31(2): pp. 149-155.

3 Bartels, A. and S. Zeki, *The neural basis of romantic love*. Neuroreport, 2000. 11(17): pp. 3829-3834.

4 Fisher, H., *Why We Love: The Nature and Chemistry of Romantic Love*. 2004, New York: Henry Holt & Co.
5 ヘレン・フィッシャー『人はなぜ恋に落ちるのか？　恋と愛情と性欲の脳科学』二〇〇七、ヴィレッジブックス。
6 Aron, A., et al., *Reward, motivation, and emotion systems associated with early-stage intense romantic love*. J Neurophysiol, 2005. 94(1): pp. 327-337.
7 Takahashi, K., et al., *Imaging the passionate stage of romantic love by dopamine dynamics*. Front Hum Neurosci, 2015. 9: p. 191.
8 Young, L.J. and Z. Wang, *The neurobiology of pair bonding*. Nat Neurosci, 2004. 7(10): pp. 1048-1054.
9 McGraw, L.A. and L.J. Young, *The prairie vole: an emerging model organism for understanding the social brain*. Trends Neurosci, 2010. 33(2): pp. 103-109.
10 Xu, X., et al., *Reward and motivation systems: a brain mapping study of early-stage intense romantic love in Chinese participants*. Hum Brain Mapp, 2011. 32(2): pp. 249-257.
11 Zeki, S. and J.P. Romaya, *The brain reaction to viewing faces of opposite- and same-sex romantic partners*. PLoS One, 2010. 5(12): p. e15802.
12 Fisher, E.E., et al., *Reward, addiction, and emotion regulation systems associated with rejection in love*. J Neurophysiol, 2010. 104(1): pp. 51-60.
13 Breiter, H.C., et al., *Acute effects of cocaine on human brain activity and emotion*. Neuron, 1997. 19(3): pp. 591-611.
14 Volkow, N.D., et al., *Cocaine cues and dopamine in dorsal striatum: mechanism of craving in cocaine addiction*. J Neurosci, 2006. 26(24): pp. 6583-6588.
15 Schultz, W., *Multiple reward signals in the brain*. Nat Rev Neurosci, 2000. 1(3): pp. 199-207.
16 Ueda, R., et al., *The neural basis of individual differences in mate poaching*. Soc Neurosci, in press.
17 Singer, T., et al., *Empathic neural responses are modulated by the perceived fairness of others*. Nature, 2006.

439(7075): pp. 466-469.

18 Takahashi, H., et al., *When your gain is my pain and your pain is my gain: neural correlates of envy and schadenfreude*. Science, 2009. 323(5916): pp. 937-939.

第五章

1 Greene, J.D., et al., *An fMRI investigation of emotional engagement in moral judgment*. Science, 2001. 293(5537): pp. 2105-2108.

2 Greene, J.D., et al., *The neural bases of cognitive conflict and control in moral judgment*. Neuron, 2004. 44(2): pp. 389-400.

3 Koenigs, M., et al., *Damage to the prefrontal cortex increases utilitarian moral judgements*. Nature, 2007. 446(7138): pp. 908-911.

4 Ciaramelli, E., et al., *Selective deficit in personal moral judgment following damage to ventromedial prefrontal cortex*. Soc Cogn Affect Neurosci, 2007. 2(2): pp. 84-92.

5 Moretto, G., et al., *A psychophysiological investigation of moral judgment after ventromedial prefrontal damage*. J Cogn Neurosci, 2010. 22(8): pp. 1888-1899.

6 Patil, I. and G. Silani, *Reduced empathic concern leads to utilitarian moral judgments in trait alexithymia*. Front Psychol, 2014. 5: p. 501.

7 Perkins, A.M., et al., *A dose of ruthlessness: interpersonal moral judgment is hardened by the anti-anxiety drug lorazepam*. J Exp Psychol Gen, 2013. 142(3): pp. 612-620.

8 Valdesolo, P. and D. DeSteno, *Manipulations of emotional context shape moral judgment*. Psychol Sci, 2006. 17(6): pp. 476-477.

9 Conway, P. and B. Gawronski, *Deontological and utilitarian inclinations in moral decision making: a process dissociation approach.* J Pers Soc Psychol, 2013. 104(2): pp. 216-235.

10 Crockett, M.J., et al., *Serotonin selectively influences moral judgment and behavior through effects on harm aversion.* Proc Natl Acad Sci U S A, 2010. 107(40): pp. 17433-17438.

11 Suter, R.S. and R. Hertwig, *Time and moral judgment.* Cognition, 2011. 119(3): pp. 454-458.

12 Cummins, D.D. and R.C. Cummins, *Emotion and deliberative reasoning in moral judgment.* Front Psychol, 2012. 3: p. 328.

13 Jeurissen, D., et al., *TMS affects moral judgment, showing the role of DLPFC and TPJ in cognitive and emotional processing.* Front Neurosci, 2014. 8: p. 18.

14 Tassy, S., et al., *Disrupting the right prefrontal cortex alters moral judgement.* Soc Cogn Affect Neurosci, 2012. 7(3): pp. 282-288.

15 Paxton, J.M., L. Ungar, and J.D. Greene, *Reflection and reasoning in moral judgment.* Cogn Sci, 2012. 36(1): pp. 163-177.

16 Moore, A.B., B.A. Clark, and M.J. Kane, *Who shalt not kill? Individual differences in working memory capacity, executive control, and moral judgment.* Psychol Sci, 2008. 19(6): pp. 549-557.

17 Bartels, D.M., *Principled moral sentiment and the flexibility of moral judgment and decision making.* Cognition, 2008. 108(2): pp. 381-417.

18 Greene, J.D., *The secret joke of Kant's soul, in Moral Psychology, vol. 3: The Neuroscience of Morality: Emotion, Disease, and Development.* W. Sinnott-Armstrong, Editor. 2007, MIT Press: Cambridge, MA. pp. 35-80.

19 Greene, J.D., *Moral tribes: emotion, reason and the gap between us and them.* 2013, New York: The Penguin Press.

20 ジョシュア・グリーン『モラル・トライブズ　共存の道徳哲学へ（上）』二〇一五、岩波書店。

21 ジョシュア・グリーン『モラル・トライブズ　共存の道徳哲学へ（下）』二〇一五、岩波書店。

第六章

1 Rand, D.G., J.D. Greene, and M.A. Nowak, *Spontaneous giving and calculated greed.* Nature, 2012. 489(7416): pp. 427-430.

2 Buhrmester, M., T. Kwang, and S.D. Gosling, *Amazon's Mechanical Turk: A New Source of Inexpensive, Yet High-Quality, Data?* Perspectives on Psychological Science, 2011. 6(1): pp. 3-5.

3 Warneken, F. and M. Tomasello, *Altruistic helping in human infants and young chimpanzees.* Science, 2006. 311(5765): pp. 1301-1303.

4 Yamagishi, T., et al., *Cortical thickness of the dorsolateral prefrontal cortex predicts strategic choices in economic games.* Proc Natl Acad Sci U S A, 2016.

5 Krajbich, I., et al., *Rethinking fast and slow based on a critique of reaction-time reverse inference.* Nat Commun, 2015. 6: p. 7455.

6 Knoch, D., et al., *Diminishing reciprocal fairness by disrupting the right prefrontal cortex.* Science, 2006. 314(5800): pp. 829-832.

7 Izuma, K., D.N. Saito, and N. Sadato, *Processing of the incentive for social approval in the ventral striatum during charitable donation.* Journal of Cognitive Neuroscience, 2010. 22(4): pp. 621-631.

8 Nowak, M.A. and K. Sigmund, *Evolution of indirect reciprocity by image scoring.* Nature, 1998. 393(6685): pp. 573-577.

9 Dunn, E.W., L.B. Aknin, and M.I. Norton, *Spending money on others promotes happiness.* Science, 2008. 319(5870): pp. 1687-1688.

10 Dunn, E.W., L.B. Aknin, and M.I. Norton, *Prosocial spending and happiness using money to benefit others pays off.* Current Directions in Psychological Science, 2014. 23(1): pp. 41-47.

11 Moll, J., et al., *Human fronto-mesolimbic networks guide decisions about charitable donation.* Proceedings of the National Academy of Sciences, 2006. 103(42): pp. 15623-15628.

12 Harbaugh, W.T., U. Mayr, and D.R. Burghart, *Neural responses to taxation and voluntary giving reveal motives for charitable donations.* Science, 2007. 316(5831): pp. 1622-1625.

13 Abe, N., *How the brain shapes deception: an integrated review of the literature.* Neuroscientist, 2011. 17(5): pp. 560-574.

14 Abe, N., *The neurobiology of deception: evidence from neuroimaging and loss-of-function studies.* Curr Opin Neurol, 2009. 22: pp. 594-600.

15 Greene, J.D. and J.M. Paxton, *Patterns of neural activity associated with honest and dishonest moral decisions.* Proc Natl Acad Sci U S A, 2009. 106(30): pp. 12506-12511.

16 阿部修士「不正直さの個人差を生み出す脳のメカニズム」Clinical Neuroscience. 2015, 中外医学社：東京 . pp. 159-161.

17 Abe, N. and J.D. Greene, *Response to anticipated reward in the nucleus accumbens predicts behavior in an independent test of honesty.* J Neurosci, 2014. 34(32): pp. 10564-10572.

第七章

1 Kahneman, D., *Thinking, Fast and Slow.* 2011, New York: Farrar, Straus and Giroux.

2 ダニエル・カーネマン『ファスト&スロー　あなたの意思はどのように決まるか？（上）』二〇一二、早川書房。

3 ダニエル・カーネマン『ファスト&スロー　あなたの意思はどのように決まるか？（下）』二〇一二、早川書房。

4 Bechara, A., et al., *Deciding advantageously before knowing the advantageous strategy*. Science, 1997. 275(5304): pp. 1293-1295.

5 Damasio, A., *Descartes' Error: Emotion, Reason, and the Human Brain*. 2005, New York: Penguin Books.

6 アントニオ・R・ダマシオ『デカルトの誤り 情動、理性、人間の脳』二〇一〇、筑摩書房。

7 Greene, J.D., *Moral tribes: emotion, reason and the gap between us and them*. 2013, New York: The Penguin Press.

8 ジョシュア・グリーン『モラル・トライブズ 共存の道徳哲学へ（上）』二〇一五、岩波書店。

9 ジョシュア・グリーン『モラル・トライブズ 共存の道徳哲学へ（下）』二〇一五、岩波書店。

10 Mischel, W., *The Marshmallow Test: Mastering Self-Control*. 2014, New York: Little, Brown and Company.

11 ウォルター・ミシェル『マシュマロ・テスト 成功する子・しない子』二〇一五、早川書房。

12 Kikuchi, H., et al., *Memory repression: Brain mechanisms underlying dissociative amnesia*. J Cogn Neurosci, 2010. 22: pp. 602-613.

13 Anderson, M.C. and S. Hanslmayr, *Neural mechanisms of motivated forgetting*. Trends Cogn Sci, 2014. 18(6): pp. 279-292.

あとがき

本書の「はじめに」で、私は次のように書きました。

本書ではわたしたち人間の意思決定の仕組みについて、主に心理学と脳科学の研究からわかってきたことを、実際に行われた数多くの興味深い実験の成果をもとにご紹介します。できるだけ読者のみなさんにとってわかりやすいように、日常生活での具体例も交えながらお伝えしたいと思っています。

たしかに本書の主たる狙いはこの通りです。一方で、執筆の背景にはもう一つ大きな目的がありました。それは「自分自身のために書く」ということです。人間を対象とした意思決定のメカニズムについて、どこまで何がわかっているのかを自分自身で改めて整理して明確にしたい、それが大きなモチベーションでした。本書の執筆は、個別の研究を掘り下げながらも、俯瞰的な視点でそれらの研究成果を平易にまとめ直す、という骨の折れる作業とのたたかいでした。その意味では、百パーセント満足とは言えないのですが、それなりに目的は達成することができたように思っています。そんな本書から、読者のみなさんにとって何かしら得るものがあれば、著者としては嬉しい限りです。

本書は研究者である私にとって、初めて一冊の本を書き上げるという機会でした。そこで少し長くなりますが、私のこれまでの研究を支えてくださった多くの方に、お礼を申し上げたいと思います。

本書の出版は、講談社学術図書編集の園部雅一さんとの出会いがなければ、実現しないものでした。園部さんには本書の執筆にあたり、さまざまな面でサポートを頂き、また励まして頂きました。心よりお礼申し上げます。園部さんとの出会いのきっかけは、「東京で学ぶ京大の知」という連続講演会での講演でした。その時に私と園部さんとをつないでくださった、京都大学こころの未来研究センターの河合俊雄先生にも御礼を申し上げます。

本書の原稿を執筆する過程では、多くの方からたくさんのコメントやアドバイスを頂くことができました。そのまま出版していたら恥をかいてしまうような誤りなどもあり、事前に読んで頂けることのありがたみを感じました。特に、私の先輩でもある京都大学大学院人間・環境学研究科の月浦崇先生からは、全体を通して大変的確かつ有益なコメントを頂くことができました。この場を借りて、心より御礼申し上げます。また、東北福祉大学感性福祉研究所の伊藤文人先生、京都大学こころの未来研究センターの柳澤邦昭先生、京都大学大学院文学研究科大学院生の上田竜平君とは、内容について議論をし、示唆に富む貴重なコメントをもらうこともできました。こうして本書が完成したのも、皆さんのサポートのおかげです。厚く御礼申し上げます。

私が現在、「京都大学こころの未来研究センター」で研究を続けていられることも、多くの方々のサポートがあってこそです。ここで全員の名前を挙げることはできませんが、センターのスタッフには、いつもさまざまな面で助けてもらっています。特に吉川左紀子センター長には、研究者として最高の環境を提供して頂いていると感じています。心より感謝申し上げます。また、私が現在所属する「上廣こころ学研究部門」は、公益財団法人上廣倫理財団の御支援によって設置された寄附研究部門です。上廣倫理財団の御厚情に、心より御礼申し上げます。

京都に赴任する前には、ハーバード大学心理学部のジョシュア・グリーンと、ラボのメンバーにとてもお世話になりました。本書でも紹介した研究についてのサポートのみならず、二年間の米国ボストンでの生活をこの上なく楽しいものにしてくれました。Thanks, Josh!

研究者としてのキャリアを開始した東北大学在学中は、研究者としての基礎を学ぶ貴重な時間でした。学部生の時には東洋史を専攻していた門外漢の学生だった私を、大学院生として快く受け入れてくれた東北大学大学院医学系研究科高次機能障害学の森悦朗先生、東北福祉大学保健科学部医療経営学科の藤井俊勝先生、そして東北大学在学中にお世話になったすべての方々に御礼申し上げます。また、当時の私をさまざまな面で支えて頂いた、末永保子さん、幸紀さん、和子さん、幸さんに、心より御礼を申し上げます。皆さんのサポートがなければ、今の私はありませんでした。

両親は既に他界してしまいましたが、兄の渉には、遠く北海道の地から、いつも温かく見守ってもらっています。感謝の気持ちで一杯です。最後に、いつもとびきりの笑顔で私を癒してくれる、妻の幸と息子の怜史に目一杯のありがとうを伝えて、本書のあとがきとしたいと思います。

二〇一六年一〇月二四日

阿部修士

［ハ］

［マ］

［ヤ・ラ・ワ］

[タ]

[ナ]

索引

［アルファベット］

［ア］

［カ］

［サ］

意《い》思《し》決《けつ》定《てい》の心《しん》理《り》学《がく》

脳《のう》とこころの傾向《けいこう》と対策《たいさく》

二〇一七年一月一一日第一刷発行

著者 阿《あ》部《べ》修《のぶ》士《ひと》

発行者 鈴木 哲

発行所 株式会社 講談社

東京都文京区音羽二丁目一二―二一 〒一一二―八〇〇一

電話（編集）〇三―三九四五―四九六三

（販売）〇三―五三九五―四四一五

（業務）〇三―五三九五―三六一五

装幀者 奥定泰之

本文データ制作 講談社デジタル製作

本文印刷 信毎書籍印刷株式会社

カバー・表紙・口絵印刷 半七写真印刷工業株式会社

製本所 大口製本印刷株式会社

ISBN978-4-06-258645-0 Printed in Japan

N.D.C.141 206p 19cm

講談社選書メチエ　刊行の辞

書物からまったく離れて生きるのはむずかしいことです。百年ばかり昔、アンドレ・ジッドは自分にむかって「すべての書物を捨てるべし」と命じながら、パリからアフリカへ旅立ちました。旅の荷は軽くなかったようです。ひそかに書物をたずさえていたからでした。ジッドのように意地を張らず、書物とともに世界を旅して、いらなくなったら捨てていけばいいのではないでしょうか。

現代は、星の数ほどにも本の書き手が見あたります。読み手と書き手がこれほど近づきあっている時代はありません。きのうの読者が、一夜あければ著者となって、あらたな読者にめぐりあう。その読者のなかから、またあらたな著者が生まれるのです。この循環の過程で読書の質も変わっていきます。人は書き手になることで熟練の読み手になるものです。

選書メチエはこのような時代にふさわしい書物の刊行をめざしています。

フランス語でメチエは、経験によって身につく技術のことをいいます。道具を駆使しておこなう仕事のことでもあります。また、生活と直接に結びついた専門的な技能を指すこともあります。

いま地球の環境はますます複雑な変化を見せ、予測困難な状況が刻々あらわれています。

そのなかで、読者それぞれの「メチエ」を活かす一助として、本選書が役立つことを願っています。

一九九四年二月　　野間佐和子